Tunxi Museum

馆藏珍品集

屯溪博物馆

屯溪博物馆 ╱ 编著

储莉萍 ╱ 主编

文物出版社

《屯溪博物馆馆藏珍品集》编辑委员会

主编　储莉萍

副主编　汪晖

审稿　汪卫东　汪静敏

编务　宋磊　王刚　傅慧娟　张耕　周锦　许兴　姜曼　陈万青

翻译　冯伟

前言
Foreword

　　屯溪博物馆坐落于中国十大历史名街——屯溪老街 168 号，馆舍面积约 1000 平方米，展陈面积 500 平方米，馆藏文物约 1800 件，其中珍贵文物约 900 件。屯溪博物馆是地方综合性博物馆，是科普示范单位和爱国主义教育基地。

　　屯溪博物馆筹建于 1985 年 5 月，当时的馆址设在屯溪柏树街程氏三宅内。1989 年屯溪公安、工商部门移交一批古家具给博物馆，这是博物馆起家的藏品。1990 年屯溪文物商店移交一批明清时期传世文物给博物馆，藏品收藏开始起步。1992 年春节，屯溪博物馆举办了首个文物陈列展。

　　1998 年 4 月博物馆搬迁到屯溪老街 168 号，这是屯溪区委区政府专门为新馆修建而购置的一幢古民居，临时办公地点则在紧邻的梧岗巷 2 号。1999 年新馆开始修建，历时 3 年完成馆舍建设和陈列布展，2001 年 6 月 12 日新馆正式对外开放。

　　2008 年，屯溪博物馆被列入全省首批免费开放单位之一，3 月 26 日实施全面免费开放。2011 年 8 月，屯溪老街被国家文物局列入全国首批 5 家生态社区博物馆示范点之一，屯溪博物馆成为了屯溪老街社区博物馆文物信息展示中心馆。在各级主管部门领导的大力支持下，博物馆工作人员迅速行动起来，利用现有的馆舍条件、文物资源和人力资源，酝酿着对旧的陈列展览进行彻底的改造。历经一年多的努力，投资 300 多万元，一个题为《徽韵老街 贾道流芳》的新展览诞生了。展览通过 500 余件馆藏文物、场景、图表、展板和多媒体，形象而生动地展示了屯溪悠久的历史和文化。

　　屯溪的国土面积有 249 平方公里，它北倚黄山，南临新安江，位于皖、浙、赣三省的交通要道，是皖南商业重镇。青山秀水营造了优雅宜人的生活环境，孕育出古色古香而又充满情趣的屯溪。

　　1959 年，安徽省文物工作队在屯溪西部奕棋村南一公里处，陆续发掘了 8 座古墓葬，出土青铜器 107 件，其中青铜礼器 60 件，出土原始瓷器 311 件，几何印纹陶器 23 件，陶器 29 件。屯溪奕棋土墩墓考古发掘资料表明，早在西周至春秋时期，屯溪就有华夏先民居住，也就是说，屯溪可考的历史有 3000 年。

　　秀美的新安江、灿烂的西周文明、新安理学、徽州宗族文化和儒商文化，孕育了戴震、程大位等杰出的历史人物。这里还是称雄明清商界 300 年徽商的重要发源地之一。徽商不仅给创造了徽州古代文明的巅峰，而且由于徽商贾而好儒，乐善好施，喜爱收藏，使这里又享有"文物之海"之美誉，这就为屯溪文博事业的发展奠定了雄厚的基础。建馆 30 年来，博物馆人经过不懈的努力，馆藏文物日渐丰富，形成了以古家具、古陶瓷、杂项、书画和工艺品为核心的收藏风格。代表性的藏品有：宋歙石砚板、宋仕女瓷枕、宋青釉四系罐、明楠木梳背椅、明黄花梨酒桌、清金丝楠木朱漆描金拔步床、清粉彩九桃瓶、清象牙雕松阁人物纹桌屏、徽州三雕等。

明清时期家具是馆藏文物的重要组成部分，种类齐全，有椅凳类、桌案类、床榻类、柜架类等；式样以徽式、苏式为主，也有广式；材质主要有：黄花梨、红酸枝、樱木、金丝楠木、榉木、楠木、楂桢木等。代表作有：清初明式八仙桌、清红木葡萄纹大床、清金丝楠木朱漆描金拔步床、清樱木圆桌、清红木琴桌、清红木灵芝纹扶手椅、清楂桢木扶手椅、清榉木书橱等。

杂项主要有玉器、青铜器、银器、漆器、砖雕、木雕、石雕等种类，这些文物制作工艺精美，反映了古代工匠聪颖的智慧和高超的技艺。代表性器物有：春秋蟠虺纹青铜匜、战国谷纹玉瑗、西汉青铜博局纹镜、元末明初青玉镂空鸟兽纹镶件、清青白玉瓜迭绵绵摆件、清墨玉巧雕双獾、清玛瑙栗枣花生挂件、清镂空烧蓝楼阁人物如意银项圈、清五彩细螺钿果品盘、清螺钿盒漆罗盘、清番簧兰花挂屏、清竹编金漆小碟、清木雕狮子斜撑、清砖雕戏剧人物门罩等。这些珍贵文物具有极高历史价值、艺术价值、研究价值，它们流传有序，每件藏品背后都有其动人的故事。

文房用具以笔、墨、纸、砚为代表，还包括了很多的辅助文具，如笔筒、笔洗、笔舐、砚滴、水盂、臂搁、印泥盒等；其材质有：玉、石、竹、木、漆、铜、象牙、陶瓷等。它们造型各异，雕琢制作工艺精妙，可用可赏，很受文人喜爱，故又称作文玩。馆藏文房有：唐箕形歙砚、宋箕形抄手歙砚、明荷叶纹端砚、清"竹堂主人铭"殖形眉纹歙砚、清澄泥砚、清翡翠长方形砚、清粉彩童子背荷水盂、清人物竹雕笔筒、清竹刻书法臂搁、清竹刻渔父图臂搁、清青花开光山水纹印泥盒、近代雕瓷花卉桌屏、民国粉彩桃形砚滴、清黄花梨嵌宝石笔筒等，这些藏品都在当地征集或收购，反映了屯溪文化的繁荣。

陶瓷也是馆藏文物的一大特色。藏品来源，主要是 20 世纪 80 年代博物馆征集的出土陶瓷，90 年代屯溪文物商店移交了一批陶瓷，2008 年后又陆续征集了一些传世陶瓷，2010 年屯溪文物商店合并到博物馆，又移交了一批陶瓷。馆藏陶瓷有以下几个特点：

1. 从时代看，跨度比较大，从西周至近现代。

2. 从窑口看，有江西景德镇窑、江西吉州窑、福建建窑、浙江龙泉窑、浙江越窑。

3. 陶瓷品种繁多，造型多样，有壶、罐、钵、碟、锅、盘、水盂、茶盏、熏炉、瓷枕、瓶、尊，还有雕瓷挂屏等。

4. 从用途上看，主要是艺术（工艺）陶瓷和日用陶瓷，也有部分出土冥器。

5. 从制瓷工艺看，有釉下彩、釉上彩、斗彩、颜色釉。

馆藏的陶瓷精品有：宋天目釉茶盏、宋影青釉贴塑魂瓶、宋青釉四系罐、宋影青釉执壶、明青花花卉纹三足炉、清素三彩扁瓶、清青花花卉象耳尊、清青花釉里红狮纹贯耳瓶、清积遗堂藏蓝釉描金赏瓶、清黄地三彩花鸟纹陶罐、清薄胎粉彩台灯、清黄地粉彩压道花卉纹挂屏、清青花花卉纹一品锅等。

馆藏的书画作品主要是地方文人的作品和一些容像画：明《汪氏单人容像》轴、清《布衣三人容像》轴、清《吴氏富饶派历代容像》轴、清《程氏双人容像》轴、清《姚宋山水》册页、近代《黄宾虹溪村雨后图》轴、近代《黄宾虹篆书联》、近代《汪采白山水图》轴、清《程瑶田行楷书》轴、《叶灏仿蓝田山水》轴、清《谢荣光行书》轴、清《金声行书》轴、清《顾绪梅花图》轴、清《俞正燮行楷书》轴、民国《郑午昌、汪采白、郑蔓青、方介堪合作山水图》轴等。

博物馆藏品的积累是几代文博工作者以"抢救、保护"为己任，共同努力的成果。本次编写馆藏珍品集，目的有两个：一是纪念屯溪博物馆建馆 30 周年，二是让读者欣赏到更多的文物，感受过往时代的信息和故事，以此来呼唤人们更加热爱祖国的灿烂文化，热爱今天的生活，更加热爱、珍惜祖先留给我们的文化遗产。

储莉萍

二〇一四年十二月七日

目 录
Contents

第二部分 杂项 Part Two: Others

第三部分 文房用具 Part Three:
Instruments for Writing

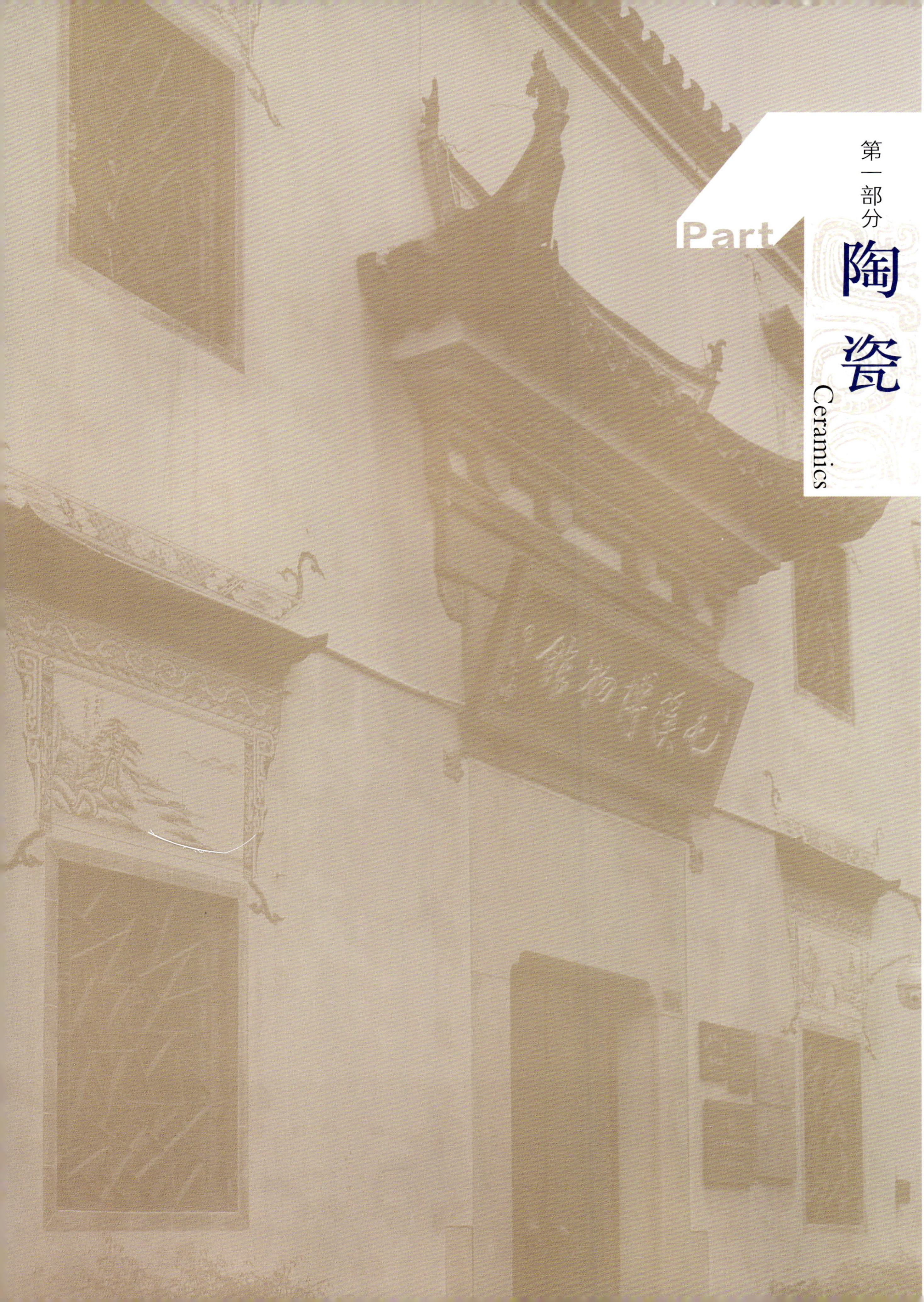

第一部分

Part 1 陶瓷

Ceramics

1　印纹硬陶罐　西周

口径：9.5厘米　底径：9.4厘米　高：8.2厘米

侈口，鼓腹，斜肩，颈部饰五道弦纹，肩部以下饰印雷纹，平底内凹，
胎质坚硬。

2　硬陶钵　春秋

口径：10.5厘米　底径：8厘米　高：8厘米

敛口、鼓腹，平底，外壁饰印米字纹，通体为深灰色。

3　双系弦纹陶瓿　汉

口径：11 厘米　底径：14 厘米　高：24.3 厘米

敛口，平沿，斜肩，鼓腹，平底。肩部有双铺首系，饰弦纹。
施青釉。

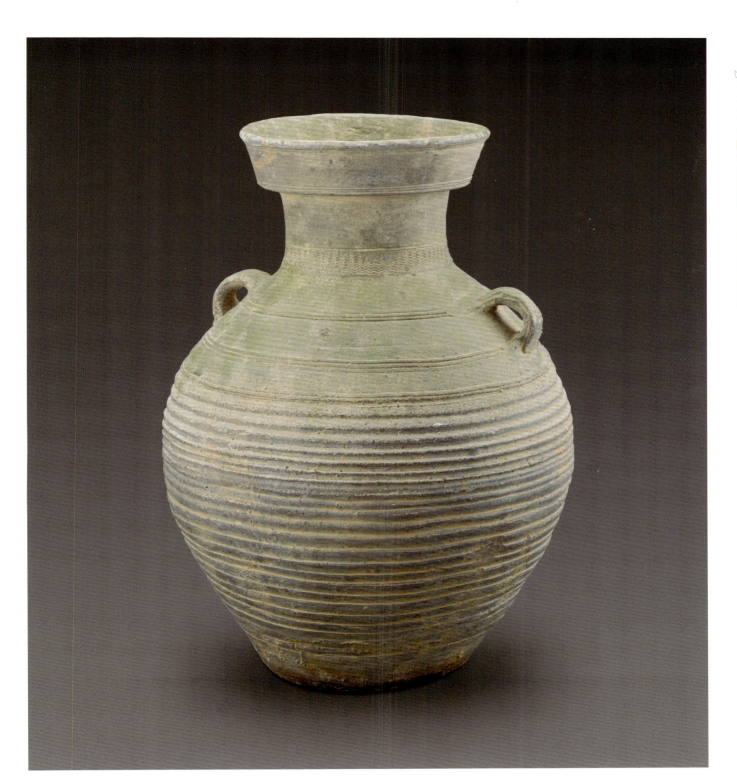

4　青釉盘口双耳壶　汉

口径：15厘米　底径：13厘米　高：36厘米

盘口，斜肩，鼓腹，平底，肩部置双耳，腹部有弦纹，施青釉。

5　影青釉贴塑魂瓶　宋

口径：10 厘米　底径：12.5 厘米　高：89 厘米

此魂瓶为冥器。锥形盖，钮塑一仙鹤，盖沿置四系环，盘口，圈足。口沿下方呈荷叶形，下置四系环。长颈分三层贴塑：上层为祥云、太阳、龙、凤、鹤等；中层饰贴鹿、狗、鸡凤、人物等；下层置十二生肖及一跪拜人像。胎体厚重，外壁施影青釉，底部不施釉。

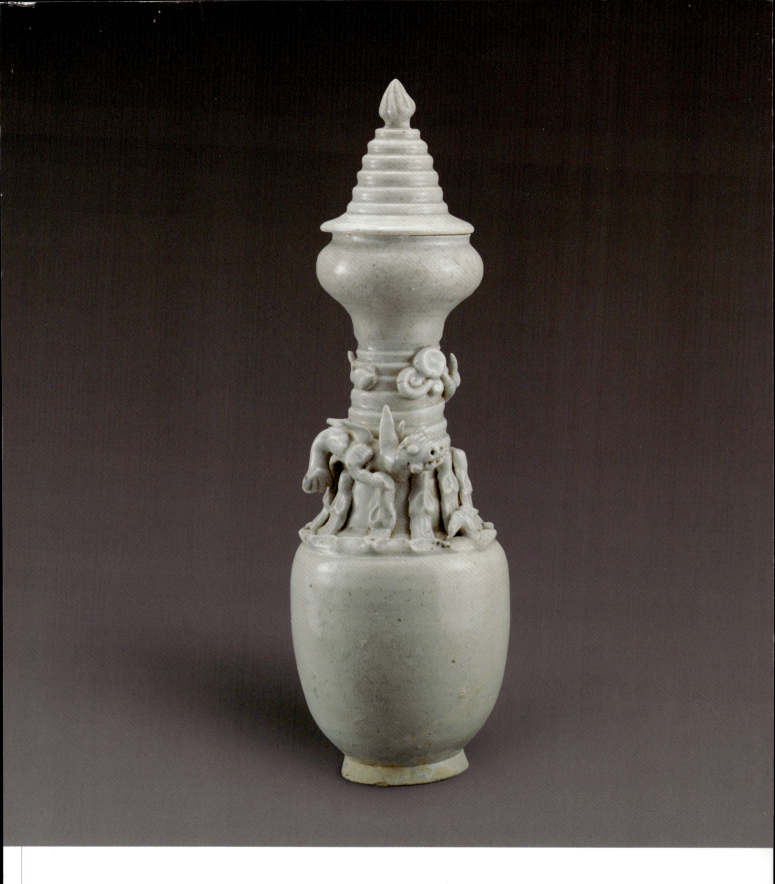

6 影青釉贴塑魂瓶　宋

口径：7.6厘米　底径：7厘米　高：40厘米

此魂瓶为冥器。锥形弦纹盖，蒜口，鼓腹，圈足。颈部施弦纹，贴塑祥云、太阳、人物、瑞兽。胎体厚重，施影青釉。

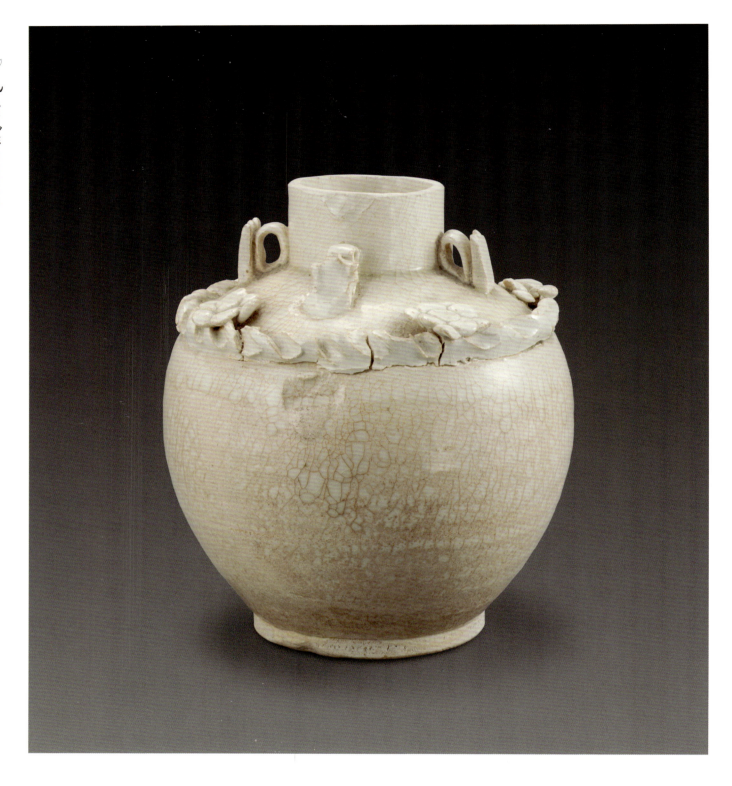

7　影青釉四系罐　宋

口径：6.2厘米　底径：9.5厘米　高：19.5厘米

直口，丰肩，鼓腹，圈足。肩部对称置四系，外贴山形装饰，塑
贴花卉和塑水浪纹。通体施影青釉，釉面局部开片，底足施釉。
造型规整，端庄。

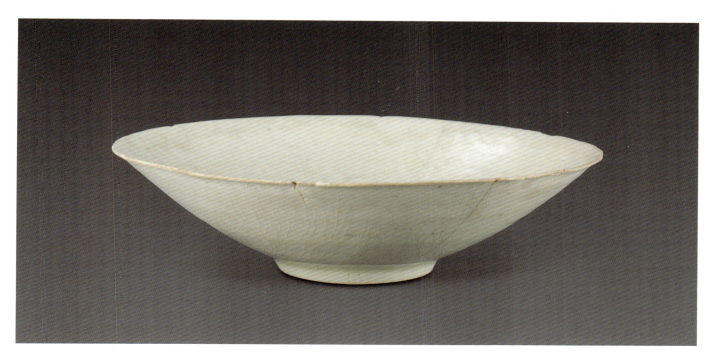

8 影青釉刻花纹碗　宋

口径：9.4厘米　底径：7.1厘米　高：6.4厘米

敞口、圈足、弧壁、平底。施影青白釉，内壁刻花莲瓣图案，釉面布满土沁，底足不施釉。

9 影青釉水盂　宋

口径：5厘米　底径：2.8厘米　高：3.5厘米

敛口，圆肩，鼓腹，下腹渐收，圈底。通体施影青釉，釉面有裂纹。水盂颜色淡雅，简约秀丽。

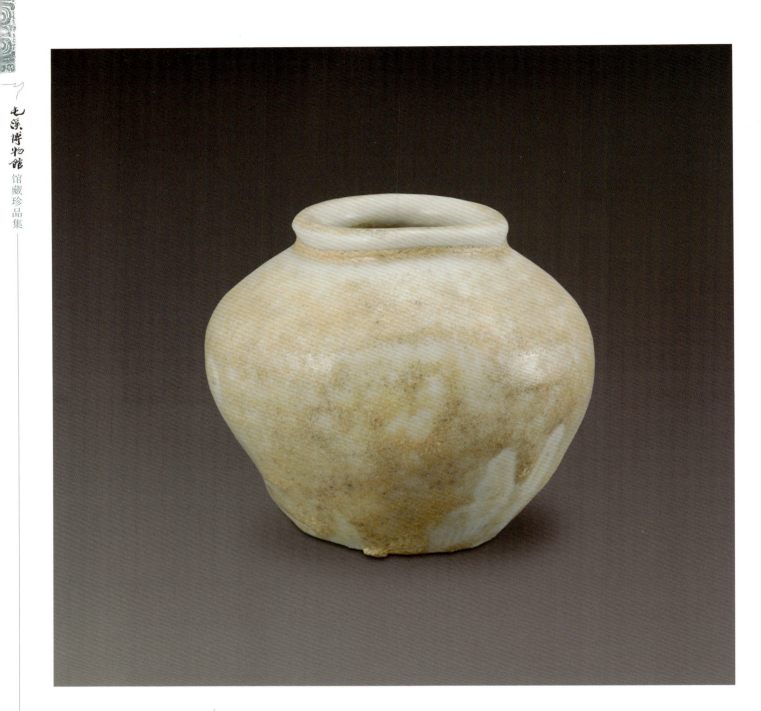

10 影青釉罐　宋

口径：3.5厘米　底径：3.5厘米　高：5.5厘米

厚唇，斜肩，鼓腹，平底。内外壁施影青釉，底足无釉，
釉面有裂纹，釉色清润雅淡。

11　影青釉菊瓣粉盒　宋

口径：4.5厘米　底径：4厘米　高：4厘米

扁圆形，子母口、盒盖及盒身均呈菊瓣形，盖面扁平微凹，平底。
胎质坚密，施影青釉，粉盒施模印纹饰。

12 影青釉碗　宋

口径：4.5厘米　底径：4厘米　高：4厘米

敞口，芒口，弧壁，圈足，胎质细腻，胎体薄。碗通体施影青
釉，外壁刻莲瓣纹。

13 影青釉注子　宋

口径：5.5厘米　底径：7厘米　高：11.8厘米

敞口，鼓腹，圈足。一侧口沿下至腹部处置扁形柄。通体施影青釉，颜色雅淡，器型端庄典雅。

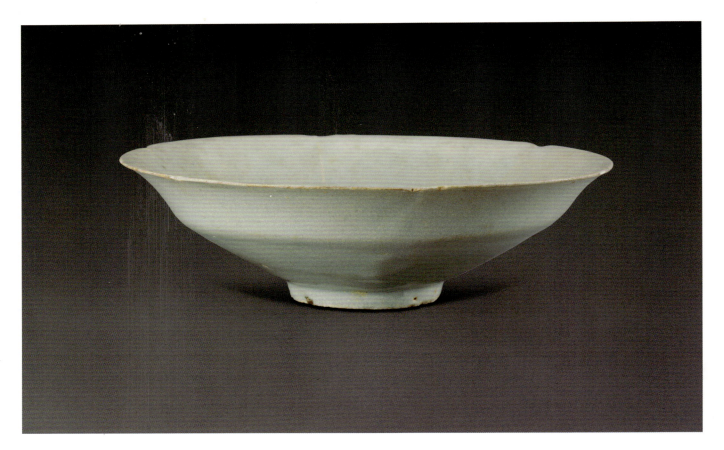

14　影青釉葵口碗　宋

口径：15厘米　底径：5厘米　高：4.3厘米

敞口，葵口，圈足内敛，胎体薄，胎质细腻。碗内外壁施影青釉。

15　影青釉粉盒　宋

口径：8厘米　底径：7厘米　高：3.7厘米

子母口，平底内敛，盖面微凸。盒盖模印缠枝花卉，通体施影青釉，釉色均匀，胎体细腻。

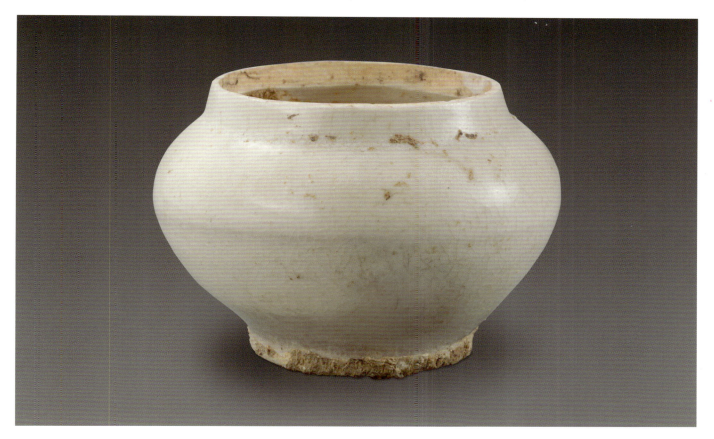

16 影青釉水盂　宋

口径：5.3厘米　底径：4厘米　高：5.3厘米

直口，微敛，圆肩，鼓腹，圈足。施影青釉，造型规整。

17 天目釉茶盏　南宋

口径：6厘米　底径：5厘米　高：7.5厘米

侈口，芒口，斜弧壁，圈足。盏内外施天目釉，釉色均匀，器型规整。

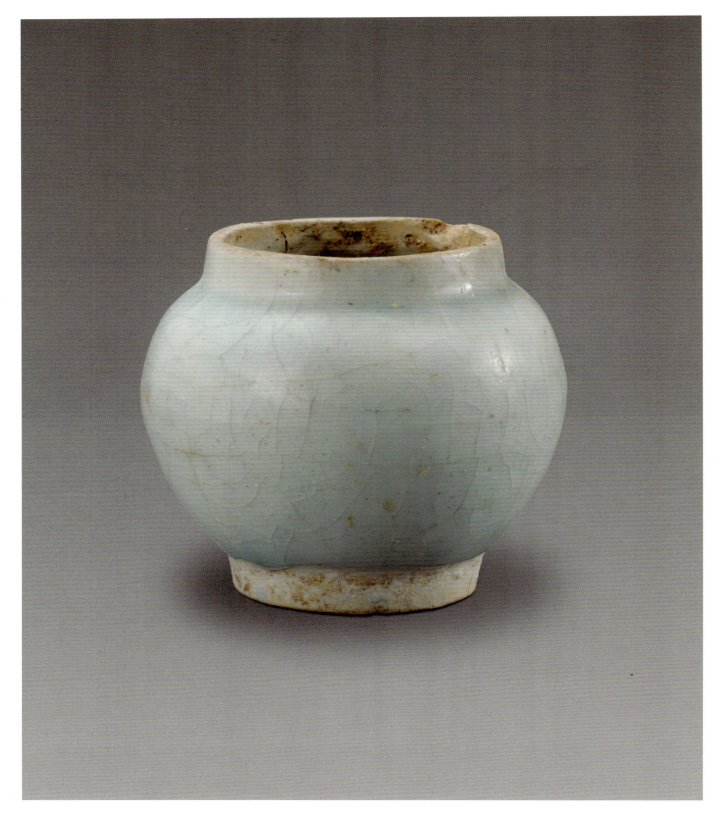

18　影青釉罐　宋

口径：6厘米　底径：5厘米　高：7.5厘米

直口微敛，圆肩，鼓腹，圈足。外壁施影青釉，足无釉。釉色
透明，清润雅淡，器型规整。

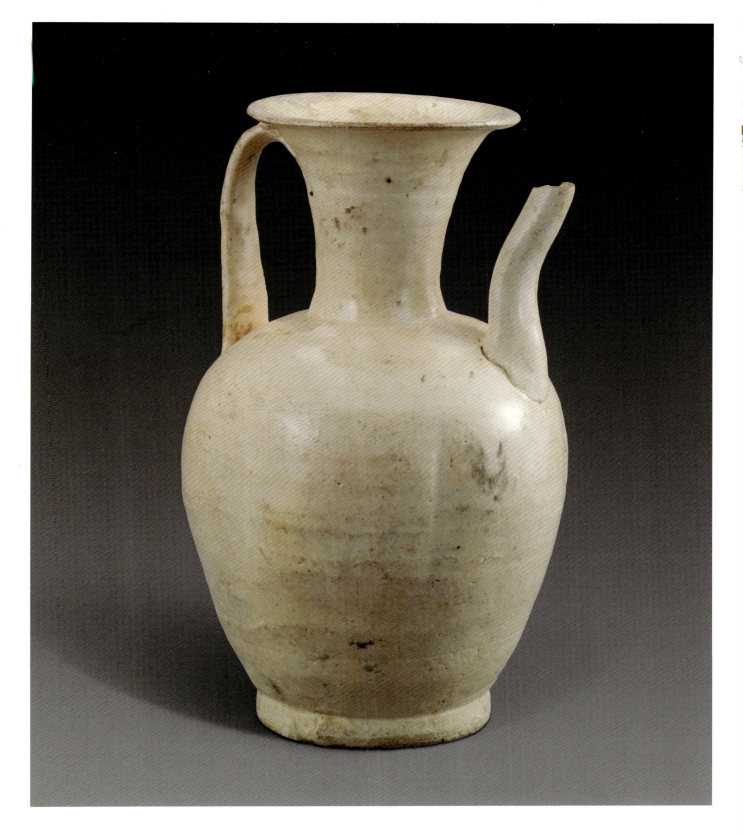

19 影青釉执壶　宋

口径：5.5厘米　底径：7厘米　高：18.5厘米

小喇叭侈口，圈足，圆肩，肩部一侧置斜出弧形长流，另一侧
置高耸曲柄。通体施影青釉，胎质细腻，器型端庄雅致。

20 影青釉碗 宋

口径：15厘米 底径：5.1厘米 高：5厘米

敞口，芒口，圈足，通体施影青釉。

21 青釉杯 宋

口径：8厘米 底径：3.5厘米 高：3.7厘米

直口，弧壁，高圈足，通体施青釉。

22 仕女枕　宋

长：21厘米　宽：9厘米　高：15厘米

一仕女身着深蓝色服饰，侧卧于束腰须弥座上，左手支颐，右手持绿色荷叶，叶柄从腹前弯曲而上，荷叶舒展成枕面。通体施蓝釉，颜色艳丽，造型独特。

23 "文明"青白釉印章　南宋

　印面边长：2.2厘米　宽2.2厘米　高：2.6厘米

　印章为青白釉，直纽，印面正方形，印文阳刻，
印文"文明"。

24 青釉碗　明

　口径：15厘米　底径：6厘米　高：6.5厘米

　敞口、圆唇、圈足、弧壁、胎体厚重，通体施青釉，
壁内模印水浪及荷花纹。

25　白釉鼓形三足炉　明

口径：9厘米　底径：8厘米　高：7.3厘米

敛口，鼓形腹，三兽足。口沿及底沿处各饰一圈
鼓钉纹。通体施白釉，釉色白润，胎体细白，器
型小巧秀气。

26　青花花卉纹三足炉　明

口径：8厘米　底径：6厘米　高：4.5厘米

侈口，贴三兽足。外壁绘青花花卉纹，色泽素雅，
造型古朴。

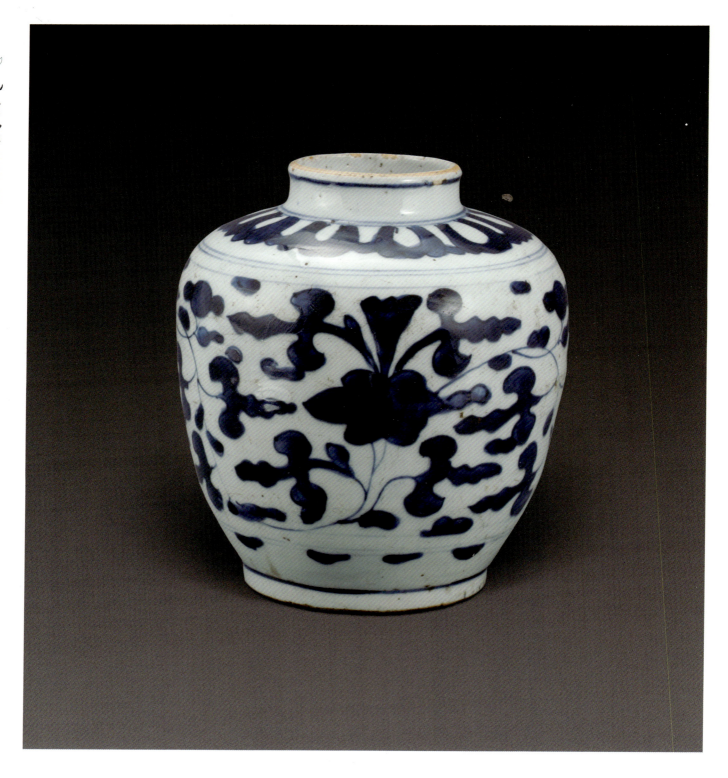

27 青花缠枝莲纹罐   明

口径：6.7 厘米 底径：9 厘米 高：18 厘米

侈口，丰肩，鼓腹，圈足。罐外壁绘青花花卉缠枝莲纹。

28 青花花鸟纹瓜棱罐 明

口径：9厘米 底径：13厘米 高：17厘米

罐为瓜棱形，葵口，丰肩，鼓腹，平底。罐外壁施青花花鸟纹
饰。胎质细腻，釉色温润，青花发色淡雅，造型大方。

29　龙泉窑青釉三足炉　明

口径：16 厘米　底径：12 厘米　高 11.5 厘米

敞口，直腹，三足。炉外壁施龙泉青釉，上腹置
一道弦纹，造型古朴厚重。

30　青花龙纹香炉　明

口径：20 厘米　底径：9 厘米　高：11 厘米

敞口，鼓腹，圈足。炉外壁青花绘龙纹，器形古
朴厚重。

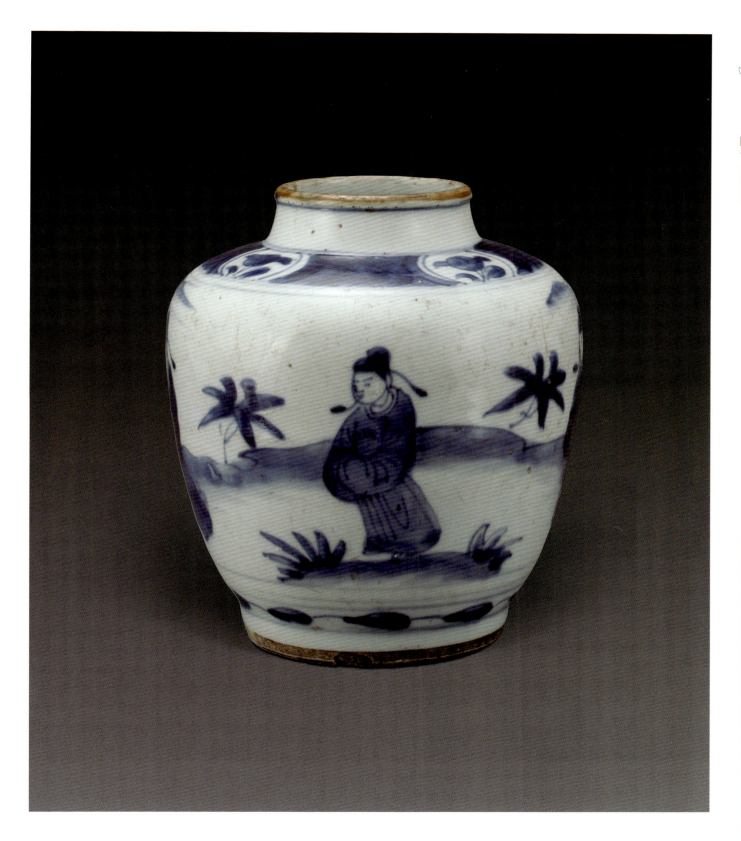

31　青花人物罐　明

口径：6.8厘米　底径：9厘米　高：17.2厘米

直口，丰肩，鼓腹，圈足。罐外壁青花绘人物山水纹。

32　青花山水豆　清

口径：8厘米　底径：6厘米　高：14厘米

侈口，丰肩，鼓腹，高足，圈底。豆外壁绘青花山水纹，青花
发色淡雅，器型古朴。

33　素三彩小狮　清

长：7厘米　宽：4厘米　高：10厘米

幼狮双目圆睁，咧嘴，左前足踏一镂空小球，可爱地站立在花板上，显示出其顽皮的性格，生动有趣。施黄、绿、褐三色釉，毛发雕刻精细。

34 青花釉里红云蝠纹盘 清

口径：15厘米 底径：6厘米 高：6厘米

敞口，弧壁，圈足。口沿内外处绘青花弦纹，盘内壁绘青花釉
里红祥云及蝙蝠纹饰，外壁绘祥云纹，足部绘青花弦纹，底用
青花料书篆体"大清乾隆年制"手写款。胎质细腻洁白，青花
色泽柔和淡雅，祥云及蝙蝠纹寓意"洪福齐天"。

35　豆青青花山水人物纹盘　清

口径：21.5 厘米　底径：11 厘米　高：3.2 厘米

敞口外撇，圈足。通体施豆青釉，盘内绘远山阔水画面，近景一渔翁撑船驶于湖中一石边，运笔自然流畅，景色怡然清新。底用青花料书篆体"乾隆年制"手写款。胎体厚重，釉色青翠。

36　绿地轧道粉彩花卉纹盘　清

口径：19 厘米　底径：11 厘米　高：3 厘米

敞口，口沿描金，圈足。盘内满饰绿地轧道，粉彩绘花卉纹饰，盘外壁绘红彩竹叶纹饰，底用青花料书篆体"大清乾隆年制"手写款。

37　豆青青花福寿纹盘　清（仿）

口径：26 厘米　底径：13 厘米　高：4.8 厘米

花口，圈足。通体施豆青釉，盘内壁绘青花五蝠、团寿纹饰，
寓意"五福捧寿"。底用青花料书行体"成化年制"手写款。
胎体厚重，釉色青翠。

38　斗彩鱼藻纹碗　清（仿）

口径：15 厘米　　底径：6 厘米　　高：7 厘米

敞口，弧壁，有圈足。内底绘斗彩花卉，外壁绘斗彩鱼藻纹，
足绘青花弦纹。底书青花双行双圈仿"大明成化年制"六字款。

39 粉彩山水纹插屏   清

长：37厘米 宽：22厘米 高：57厘米

插屏分屏面、插座两部分，红木外框。瓷屏用粉彩绘山水、树木、
亭台、花卉、渔船、湖泊，色彩丰富，图案精细，颜色华丽，纹
饰秀美，一派春意盎然的景色跃然屏上。

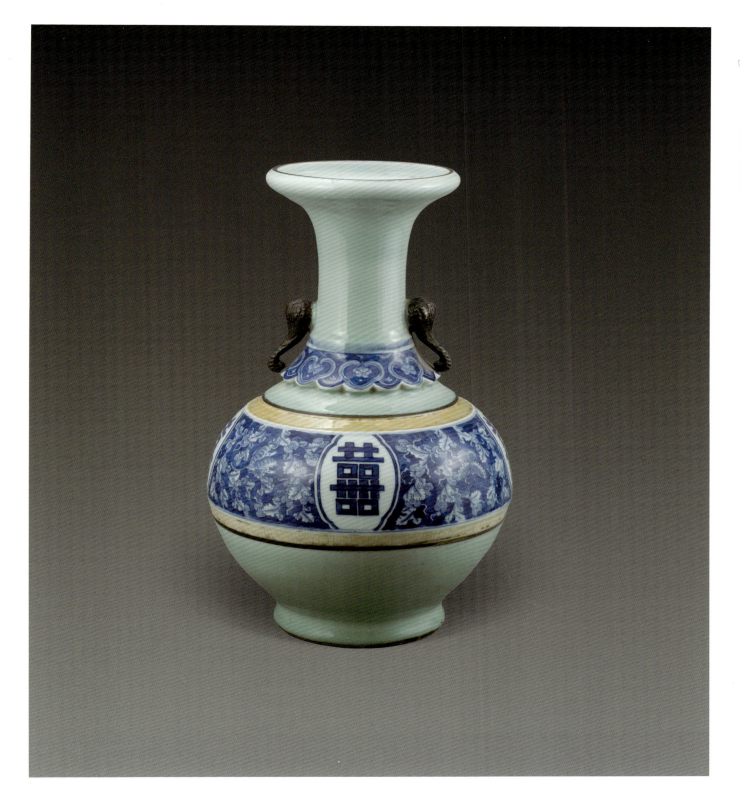

40 豆青青花象耳瓶　清

口径：15厘米　底径：13.5厘米　通高：38.3厘米

洗口，鼓腹，矮圈足。口沿施紫金釉，颈部施豆青釉，肩颈部置
紫金釉象耳，腹部青花绘花卉纹和"囍"字，下腹施豆青釉。
造型端庄大方，纹饰清秀。

41　粉彩花鸟纹盘　　清

口径：25 厘米　底径：14.5 厘米　高：4.5 厘米

敞口，圈足，盘内壁用粉彩绘花鸟图案，盘外壁绘三只红蝙蝠。

42　青花花卉纹象耳尊　清

口径：16.5厘米　底径：14.5厘米　高40厘米

敞口，平沿，溜肩，鼓腹，圈足，颈部两侧置象耳。外壁青花
绘花卉缠枝纹，青花发色淡雅，纹饰清秀。

43 积遗堂藏蓝釉描金赏瓶　清

口径：10厘米　底径：13厘米　高：38厘米

小喇叭口，鼓腹，圈足。通体施藏蓝釉，外壁用金粉绘团形福
字、寿字、钱币和花卉纹，底用金粉印楷书"积遗堂藏"款。
器型雅致，釉色靓丽，纹饰华丽。

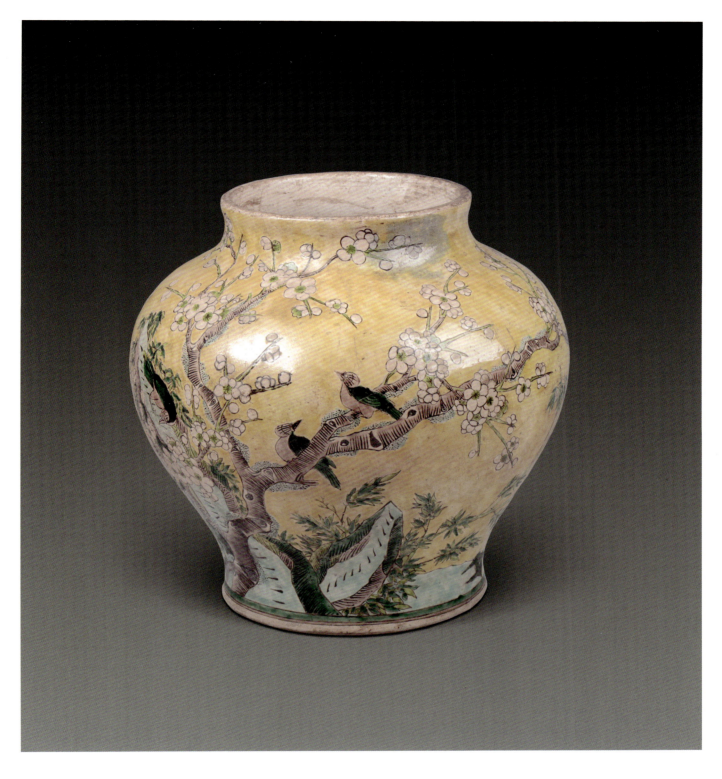

44 黄地素三彩花鸟纹陶罐　清

口径：20厘米 底径：19厘米 高：46厘米

直口，斜肩，鼓腹，圈足外撇。通体施黄色釉，足不施釉。绘梅花桩，枝蔓延伸整个器物，梅花盛开，两只喜鹊登于枝蔓上，寓意"喜上眉梢"。

45 青花釉里红狮纹贯耳瓶   清

长：18.8厘米 宽：11厘米 高：40厘米

长方形敞口，斜肩，鼓腹，长方形圈足外撇，颈部二侧置贯耳。
颈部绘青花釉里红花卉纹，腹部绘青花釉里红狮子戏球纹饰，底
部绘青花纹饰。釉面匀称、器型独特、俊美。

46　哥釉瓶　清

口径：5 厘米　底径：5.5 厘米　高：14 厘米

小口，圆唇，束颈，斜肩，鼓腹，圈足。通体施青釉，开片，施金丝铁线，造型敦厚。

47 狮耳鼎式三兽足陶炉　清

口径：12 厘米　底径：11 厘米　高：28 厘米

炉呈鼎形，分盖和炉两部分。白胎陶，通体施黑薄釉。盖部刻
镂空如意纹，钮塑瑞兽。炉直口、平沿，沿口两侧置鼎式直耳。
耳部施双龙纹，颈部施夔龙纹，腹部置兽耳、四出及回纹，三
兽足。炉底有"南石"款。

48 青花人物大碗 清

口径：27.7 厘米 底径：15 厘米 高：11.4 厘米

敞口，弧壁，矮圈足。内底绘青花开光童子嬉戏纹饰，内口沿绘
一圈冰梅纹，外壁绘人物花卉纹饰。

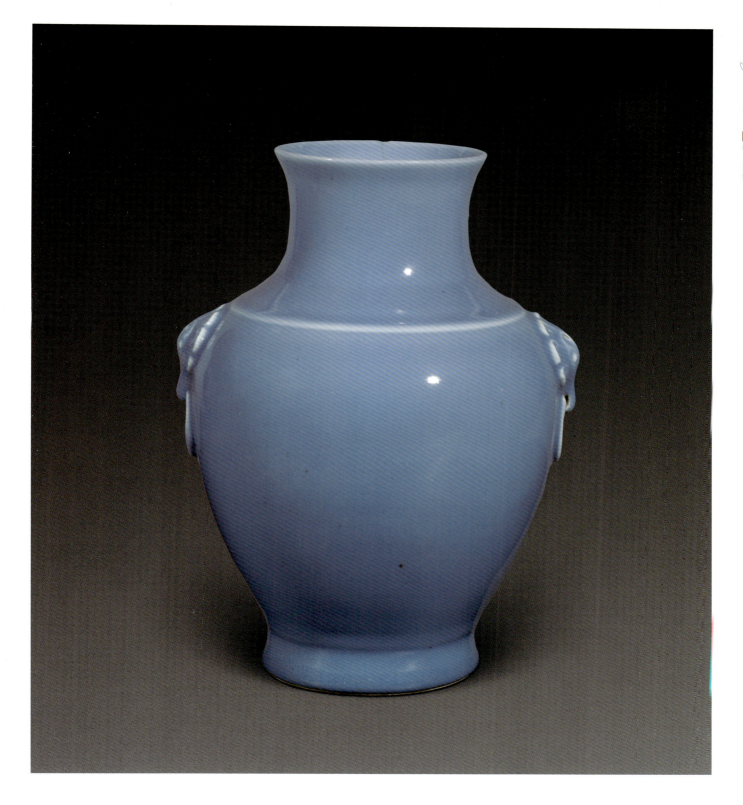

49 青花粉彩寿字描金碗　清

口径：12.2 厘米　底径：7.7 厘米　高：4 厘米

敞口，弧壁，方框圈足。内外壁绘粉彩花卉"寿"字描金纹饰，底有篆书"大清嘉庆年制"手写红字款，器形规整端庄。

50 天蓝釉狮耳尊　清

口径：10 厘米　底径：10.8 厘米　高：28 厘米

敞口，斜肩，鼓腹，圈足，上腹部置象耳。通体施天蓝釉，颜色鲜艳，器形古朴雅致。

51 青花花卉蝶纹盘   清

口径：25.5 厘米   底径：14.5 厘米   高：4 厘米

敞口，圈足，盘内壁绘青花花卉蝴蝶纹和团形花卉纹。

52 粉彩花卉草虫纹蒜头瓶　清

口径：6 厘米　底径：8 厘米　高：26.5 厘米

蒜口，鼓腹，圈足。外部粉彩绘花卉草虫纹。造型别致、图案绘制精美。

53 白釉观音送子像 清

底：6 厘米 ×5.8 厘米 高：18 厘米

观音直立，身着长衫，双手抱童子于胸前。通体施白釉，胎质
细腻，人物形象生动。

54 粉彩花卉纹碗　清

口径：21.5厘米　底径：10厘米　高：9.8厘米

敞口，圈足。外壁粉彩绘花卉纹饰。器形较大，颜色靓丽。

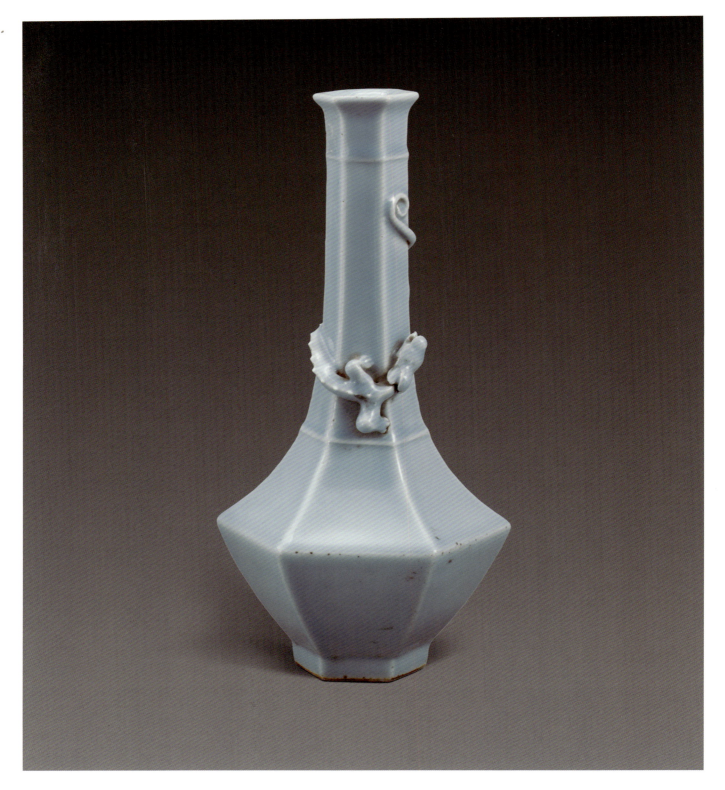

55 天蓝釉贴塑螭纹六角瓶　清

　　口径：4.8厘米　底径：6厘米　高：28厘米

　　侈口，腹部呈六角形，圈足。通体施天蓝釉，颈部贴塑螭纹。
造型别致，釉色清秀靓丽。

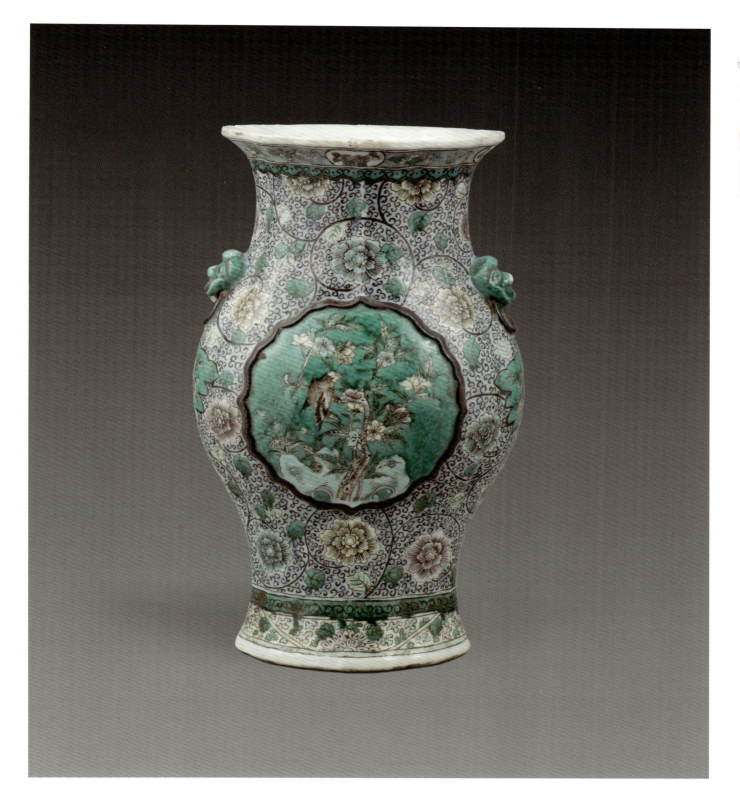

56 素三彩瓷扁瓶 清

口：13.5厘米×11.4厘米 底：11.5厘米×9厘米 高：30厘米

椭圆形花口，溜肩，鼓腹，平底，肩部置铺首耳。器壁绘素三彩缠枝花卉纹，腹部两面开光绘花卉纹。造型别致、釉色素雅。

57　青花花卉纹一品锅　　清

直径：22厘米　高：10厘米

圆形，子母口，平沿，平底内凹，腹部置四系环。通体外壁绘
青花缠枝纹饰。器物制作规整，纹饰精美。

58　白釉梅花龙纹杯　清

口径：19.5厘米　底径：8.5厘米　高：10.7厘米

椭圆形花口，圈足。通体施白釉，塑梅花及龙纹。此器胎质洁
白细腻，造型独特优美。

59　黄地粉彩轧道花卉纹挂屏　清

横：50厘米　纵：38厘米

此挂屏分别由四块组成，长度、宽度均一致。均施黄釉轧道纹，粉彩绘花卉纹，纹饰各异。此器工艺精湛，釉色富丽堂皇。

60 建窑堆塑杯　清

口径：10厘米×7厘米　底径：3.7厘米×3厘米
高：5厘米

椭圆形，敞口，底部置梅树桩，梅枝纹往腹部延伸。
通体施满白釉，釉面均匀，胎质洁白，造型精巧雅致。

61 青花缠枝纹盘　清

口径：18.5厘米　底径：12厘米　高：3.5厘米

敞口，圈足，盘内壁用青料绘缠枝菊花纹饰，
外壁绘花卉。色泽素雅莹润，釉面匀净，纹饰
高洁清秀，器形规整。

62　粉彩印纹盘　清

　　口径：20厘米　底径：11.5厘米　高：3.3厘米

　　敞口，圈足。盘口沿内壁绘一圈青花回纹，盘内底用红彩绘印章纹饰。

63　青花花卉纹果盘　清

　　口径：25厘米　底径：17厘米　高：4厘米

　　敞口，圈足。盘内壁青花绘花卉水果纹饰，内分5格。

64　粉彩草虫花卉叶形博古盘　清

长：28厘米　宽：20厘米　高：6厘米

造型呈叶形，花口，叶形高足。通体施豆青釉，描金，内外壁
粉彩绘草虫花卉纹饰。器形较大，胎体厚重，颜色靓丽。

65　黄釉刻山水人物画筒　清

口径：18厘米　高：35厘米

圆柱形，直口，深腹，圈足。通体施黄釉，刻画山水人物纹饰，
图案精细。

66 粉彩九桃瓶 清

口径：12厘米 底径：22厘米 高：54厘米

侈口，丰肩，鼓腹，圈足。外壁绘桃树，枝繁叶茂，桃花盛开，
寿桃九个，寓意"长寿吉祥"，是民国陈设瓷中珍品。

67 粉彩薄胎台灯　清

口径：8.3 厘米　高：38 厘米

台灯一对两件，均由灯座和灯罩两部分组成。灯座盘口，平底，外壁绘花卉纹。灯罩平口，圆肩，鼓腹，圈足。外壁饰婴戏图，群童活泼可爱。胎体轻薄，胎质细腻洁白，纹饰绘制精致，是实用瓷中佳品。

68　粉彩花卉鸳鸯纹碗　民国

口径：20.5 厘米　底径：10 厘米　高：5.2 厘米

敞口，口沿描金，圈足。外壁粉彩绘花卉鸳鸯纹饰。
造型规整，釉面透亮，颜色靓丽，纹饰精致生动。

69　粉彩花鸟纹盘　民国

口径：20.5 厘米　底径：10 厘米　高：3 厘米

花型敞口，折沿，圈足。折沿绘花卉纹，盘内壁
粉彩绘花鸟纹饰，题"月报平安"字，落款"江
西春林阁出品"。胎质细腻洁白，纹饰生动。

70 粉彩博古纹盘　民国

口径：17.4厘米　底径：10.6厘米　高：3厘米

敞口，圈足。盘内壁彩绘博古纹饰。

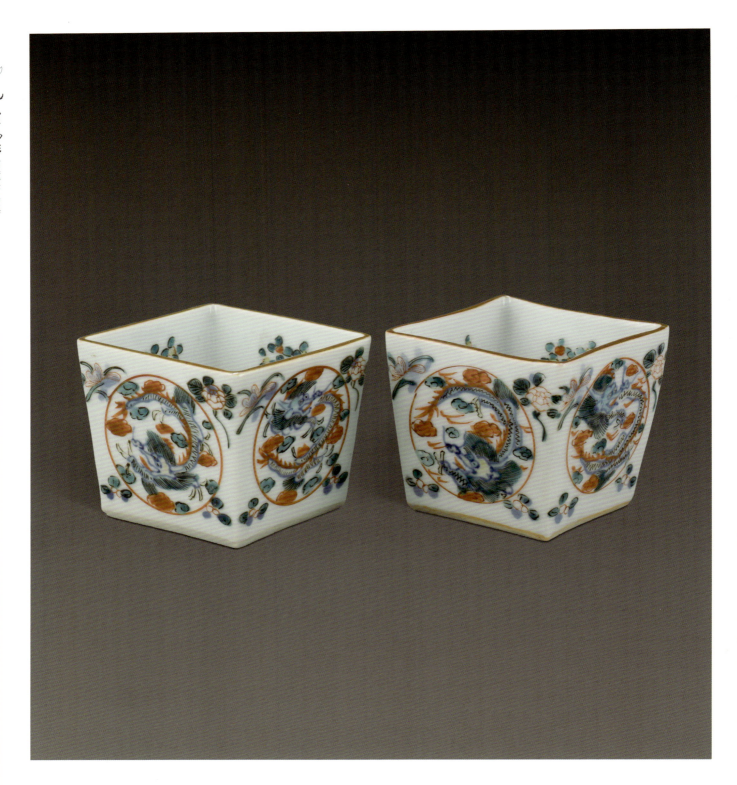

71　青花五彩龙纹方斗杯　民国（仿）

口：6厘米×6厘米　底：5.5厘米×5.5厘米　高：6.5厘米

杯呈方形，侈口，方形底。腹部外壁施青花五彩龙纹，内壁
绘花卉，内底绘青花五彩龙纹，底有用青花料书篆体"大明
嘉靖年制"手写款。器型小巧别致，图案纹饰精细。

第二部分

杂 项

Part 2

Others

72　蟠虺紋青銅匜　春秋

　　長：22.8厘米　寬：20厘米　底径：14厘米　通高：13厘米

　　橄欖形，虎頭形流口，平底，鋬為虺形。口沿飾回紋和蟠虺紋，
腹部飾連續蕉葉形紋，內為夔紋，紋飾細膩、規整，造型優美。

73 青铜博局纹镜　西汉

直径：16厘米　缘厚：0.5厘米

圆形，半球形钮，钮座方框内有铭文和十二乳丁纹，方框外饰
八乳丁和变形鸟兽纹，铭文与栉齿纹及锯齿纹各一圈，平缘饰
云气纹一圈。纹饰精美，品相甚佳。方框内有铭文，为十二
辰铭："子、丑、寅、卯、辰、巳、午、未、申、酉、戌、亥。"
一圈佳镜铭文："作佳镜成真大好，上有仙人不知老，渴饮
玉泉饥食枣，浮游天下遨四海，寿欲金石为国宝。"

74　青铜鸠杖首　汉

长：13厘米　通高：7.5厘米

鸠形，尖喙圆眼，尾部上翘。背及翼部饰羽纹清晰简洁，腹有圆銎。

75　青铜三足卣　汉

口径：4.6厘米　腹围：29厘米　通高：8.3厘米

敞口，长颈，鼓腹，圆底，三足外撇，肩置二系。

085

76 青铜釜 汉

口径：18厘米 通高：15厘米

敞口，宽折沿束颈，鼓腹，圜形底。腹部两道弦纹。

77 海兽葡萄纹铜镜 唐

直径：10.3厘米 缘厚：1厘米

圆形，伏兽形钮，一道凸弦纹将镜背分内外两区，内区饰四
只海兽与葡萄枝蔓相连，外区饰葡萄串与禽鸟相连。纹饰精
美，品相较好。

78　薛晋侯造方镜　明

　　长：8.4 厘米　宽：8.4 厘米　缘厚 0.1 厘米

　　铜镜为方形，背面铸楷书铭文："既虚其中，亦方其外，一尘不
染，万物皆备。湖城薛晋侯造。"

79　多乳规矩镜　明（仿）

直径：11.4 厘米　缘厚：0.3 厘米

圆形，圆钮。钮外方框，框外饰八个乳钉纹，间以规矩禽兽纹，
边缘饰锯齿、忍冬纹。

80 铜独角鹿摆件 明

通高：7.8 厘米

器形似鹿非鹿，鹿呈半蹲式，右前肢往前伸出一步，其他三肢呈蹲式。鹿首中间生一只小角，口衔灵芝回首，背部饰一角呈蜷曲状，角下链饰如意纹。体态俊秀，神态悠闲，造型别致、有趣。

81　铜麒麟摆件　清

通高：8 厘米

器形龙头狮身，麒麟昂首，目视前方，呈半蹲式，右前肢往前
迈出一步，其他三肢呈蹲式。麒麟首生独角，足为鹿蹄形。背部、
腹部饰火焰纹。体态肥硕，造型生动、活泼。

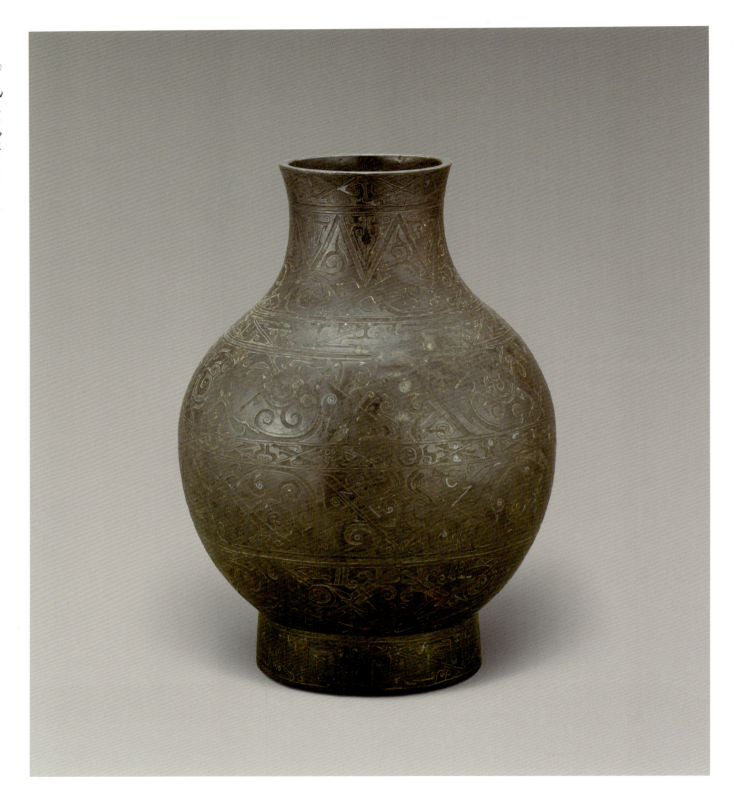

82　错金银鸟纹壶　清（仿）

口径：11 厘米　底径：15.2 厘米　腹围：80 厘米　通高：35 厘米

小口，溜肩，鼓腹，圈足，壶从颈部至底部饰八层纹饰，有几何纹、变形鸟纹，纹饰之间用双弦纹相隔，错金银脱落。造型古朴大方，纹饰细密精美。

83 鎏金铜插 清

口径：3.5厘米 通高10.6厘米

圆柱形，圆口，平底。口沿饰回纹，颈部饰卷草纹，腹部饰锦地花卉纹。制作工艺复杂，做工精致。

84 铜兽耳四足炉 清

长：6.8厘米 宽：4.9厘米 通高：3.6厘米

葵口，海棠形敞口外撇，四足外撇，口沿下置兽耳。底部有一道凸起弦纹。造型别致、优美。做工精致。

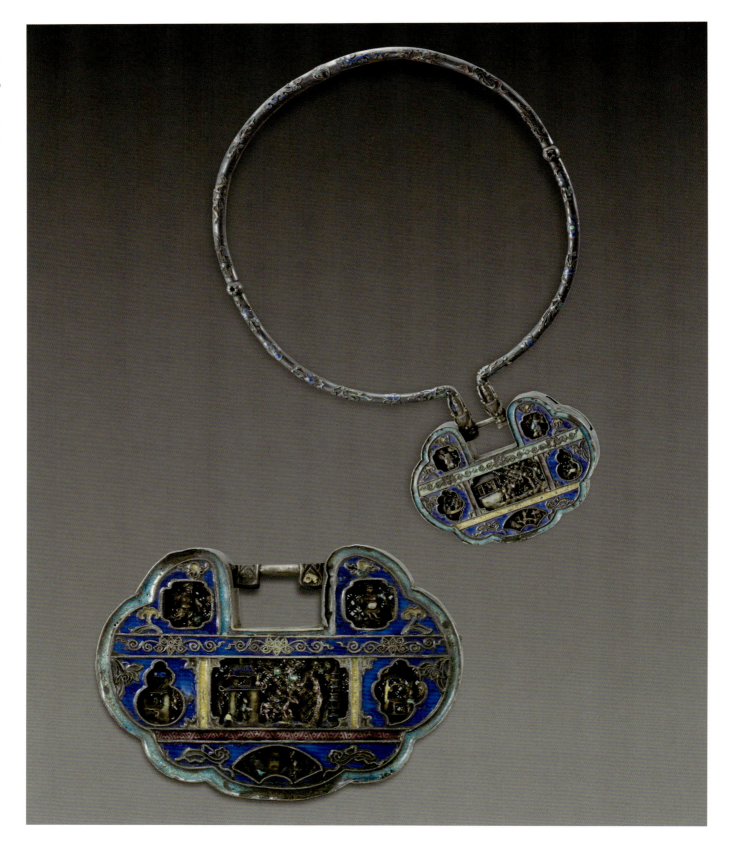

85 银烧蓝镂空楼阁人物如意形项圈锁 清

项圈直径：20.3厘米 锁长：10 .5厘米 锁宽：8厘米 锁厚：1.6厘米

项圈锁分两部分，上部为项圈，下部为如意形锁。银锁采用镂空并施烧蓝工艺，
饰有人物、亭台及花卉。制作工艺复杂，做工精细。

86 银鎏金和合二仙纹项圈锁　清

锁圈直径：21 厘米　锁长：7.5 厘米　锁宽：9 厘米　锁厚 1.5 厘米

项圈锁分两部分，上部为项圈，下部为如意形锁。项圈银鎏金饰花卉纹，
银锁饰和合二仙纹。

87 谷纹玉瑗 战国

　　外径：10.5 厘米 内径：4.4 厘米 厚：0.4 厘米

　　用和田青玉雕琢成，圆形，体扁平。两面均饰凸起谷纹，
有序排列。有灰白色钙化侵沁。形制规整，制作精美。

88　青玉镂空鸟兽纹镶件　元末明初

直径：8.5厘米　厚：2厘米

用和田青白玉雕琢成。托为圆环形，透雕水纹地，镂雕蹲卧回
首瑞兽，张口吐舌，与鸟相向。间饰柞树叶，旁有花草、山石。
器物造型工整，镂雕线条柔和、优美。边缘有孔，为镶嵌用饰件。
此器纹饰与元代常见的春水玉、秋山玉上的同类纹饰风格相同，
构图疏朗，有拙朴之美。

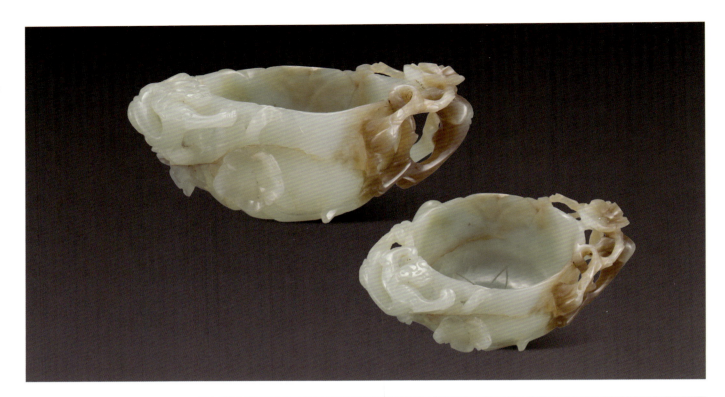

89　糖玉梅花螭纹杯　明

长：11.6厘米　宽：6.7厘米　通高：4.6厘米

用糖玉雕琢成杯，呈椭圆形，内壁平滑，外壁
镂雕遒劲梅枝，雕饰蟠龙和梅枝为杯耳。

90　象牙笏　明

长：52.5厘米　宽：5.8厘米　厚：0.5厘米

笏是古代朝臣觐见皇帝时所执的"手板"，用以
记事和分别官阶高低，有玉笏、象牙笏或竹笏，
此笏为象牙笏。

91 青白玉瓜瓞绵绵摆件　清

长：13.5厘米　宽：7厘米　厚：4厘米

用和田青白玉雕琢成，圆雕双瓜，一长一圆并叠，
瓜上浮雕藤蔓和两只蝴蝶。造型别致，线条优美，
寓意"瓜瓞连绵不断"。

92 黄玉飞龙形佩　清

直径：6.8厘米　厚：0.5厘米

用和田黄玉雕琢成，圆雕。佩呈环形，龙首尾相接，
双面雕，龙张口、上唇上翘，龙首、两足、翼、尾
部的毛发卷曲。

93　青白玉莲蓬挂件　清

长：4.5厘米　宽：4.5厘米　厚：2厘米

用和田青白玉雕琢。以圆雕手法，琢荷花、荷叶、莲蓬成一束，莲花含苞待放，莲蓬中间刻有七个莲子。雕琢工艺精湛，造型别致。

94　玛瑙蝠鹿摆件　清

长：6厘米　宽：3厘米　通高：2.5厘米

用红玛瑙雕琢成，呈褐红色，圆雕。鹿呈卧状，口衔灵芝回首，短尾，鹿身饰有米字纹，尾部饰有蝠纹。

95 玛瑙佛手摆件　清

长：5厘米　宽：3.5厘米　厚：1厘米

玛瑙呈红白色，圆雕，大小双佛手，中间隔以
白色叶片。巧色设计，雕琢精细。寓意"吉祥、
如意、多福"。

96 玛瑙栗枣花生挂件　清

长：5.5厘米　宽：2.7厘米　厚：2厘米

玛瑙呈深褐色，圆雕，褐色雕琢一个板栗、三个
蜜枣，土黄色雕琢三个花生。在一块玛瑙上雕饰
三种不同形状、不同质地的物件，巧色设计，惟
妙惟肖。寓意"早生贵子，早早得力"。

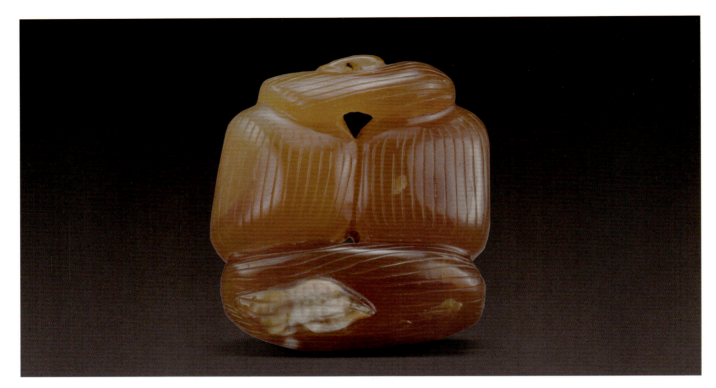

97 玛瑙枣花生挂件 清

长：4.6厘米 宽：4.2厘米 厚：1.3厘米

玛瑙呈褐色，圆雕。褐色雕琢四个蜜枣，土黄色雕琢一个花生，生动逼真。巧色设计，雕琢精细。寓意"早生贵子"。

98 白玉刘海戏金蟾 清

高：6厘米 宽：3厘米 厚：1.8厘米

用和田玉雕琢，圆雕。刘海圆脸，身着长衫长裤，一手持一串铜钱，一手戏金蟾，背插扫帚，人物神态自然。

99 墨玉巧雕双獾　清

长：4.7厘米　宽：4厘米　厚：2厘米

用和田墨玉雕琢成。巧色设计，在一块玉上雕琢
一黑一白卧形双獾，首尾、四肢相接，圆脸、小嘴，
圆眼、小耳。雕琢精细，寓意"欢天喜地"。

100 玛瑙骑马童子摆件　清

高：8.7厘米　宽：5厘米　厚：2.7厘米

圆雕童子，笑容可掬，身着宽袖长衣，手持一束
灵芝，车马出行。寓意"吉祥如意"。

101 青白玉扁豆螽斯摆件   清

长：7.5厘米 宽：3厘米 厚：1厘米

用和田青白玉雕琢，圆雕，螽斯附于扁豆之上，
扁豆旁有藤蔓与枝叶缠绕。雕琢工艺高超，玉
质温润。螽斯产卵极多，寓意"多子多孙"。

102 青白玉佛手摆件   清

长：6.6厘米 宽：4厘米 厚：1.3厘米

用和田青白玉雕琢，圆雕。镂空雕琢石榴、佛手、
蝙蝠。寓意"多子多福"。

103　玉卧马　清

长：5厘米　通高：2.5厘米

用和田白玉雕琢，圆雕。马呈卧状，回首，神态安然。马放南山，寓意"天下太平"。

104　玛瑙翠盖烟壶　清

高：7厘米　腹围：10厘米

用玛瑙雕琢成壶，用翡翠雕琢成盖。壶直口，斜肩，圈足。

105　玛瑙碧玺盖烟壶　清

通高：5.6厘米　腹围：8厘米

用玛瑙雕琢成壶，用碧玺雕琢成盖。壶直口，溜肩，圈足。该器做工考究，打磨光亮。

106　椰雕博古图盖盒　清

直径：6.7 厘米　通高：3 厘米

圆形，子母口，平底，质地椰壳。盖面雕刻博古图，雕工精致。

107 番簧兰花挂屏 清

长：54.2 厘米 宽：94.4 厘米

用细篾丝、榫卯斗成织锦纹地，于右上、左下分别贴番簧竹
刻兰、蕙各一簇纹饰。有"元章"款和"星"、"印"两方印。
花屏做工精细，考究，兰花纹饰线条柔和优美，是徽州番簧
制品中珍贵的艺术品。

108 竹编金漆小碟　清

口径：13厘米　底径：8.6厘米　通高：2厘米

盘壁由细如毫发的竹丝编制。口沿描金，底部为黑漆，用金粉
绘人物、山水纹饰。用料考究，做工精细，是徽州竹编制品中
难得的艺术品。

109 五彩细螺钿果品盘 清

直径：30.3 厘米 通高：3.8 厘米

八棱形。盘口口沿以五彩细螺钿嵌成织锦纹，盘内壁八棱区用
五彩细螺钿嵌成折枝花卉纹，内底嵌莲池图案。工艺精细，纹
饰优雅。

110　螺钿盒漆罗盘　清

盒直径34厘米　通高：4厘米／盘直径32厘米　通高：2.5厘米

此盒为圆形，盒大漆，盒面镶螺钿成亭台、人物、山石、竹林。
盒黑漆光亮。罗盘以杂木制成。

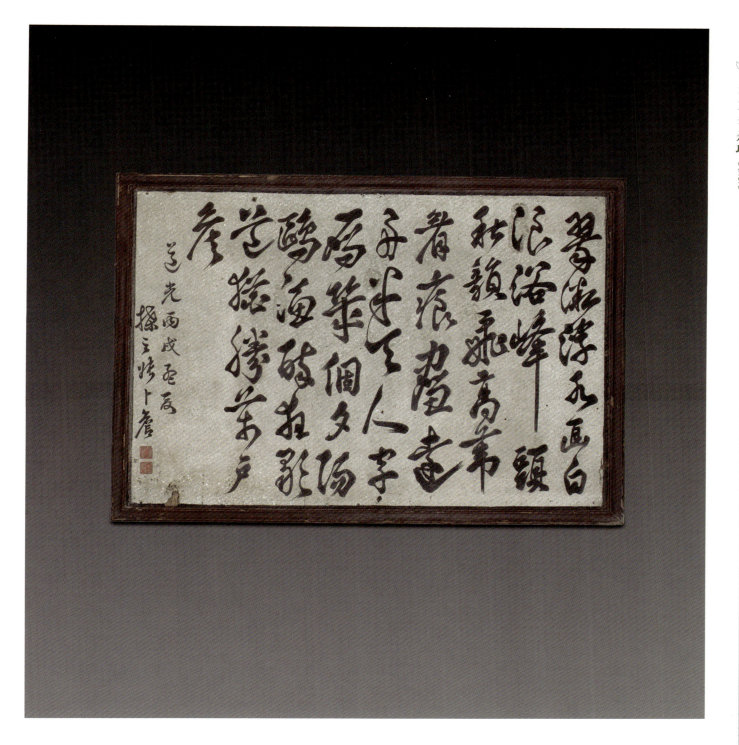

111 张卜詹款刻漆螺钿书法匾额　清

长：118厘米　宽：86厘米

匾额长方形，以刻漆、撒螺屑工艺相结合的手法制作。以撒螺屑饰灰白色衬底，刻漆阳文书法，字体黑色，行草。内容："翠微浮水面，白浪浴峰头。秋韵飞高苇，眉痕画远舟。半天人字雁，几个夕阳鸥，渔醉狂歌送，犹胜万户侯。"

落刻款："道光丙戌孟夏 梅之张卜詹"漆朱文印两枚：一枚"臣卜詹印"，阴文；一枚"梅之"，阳文。

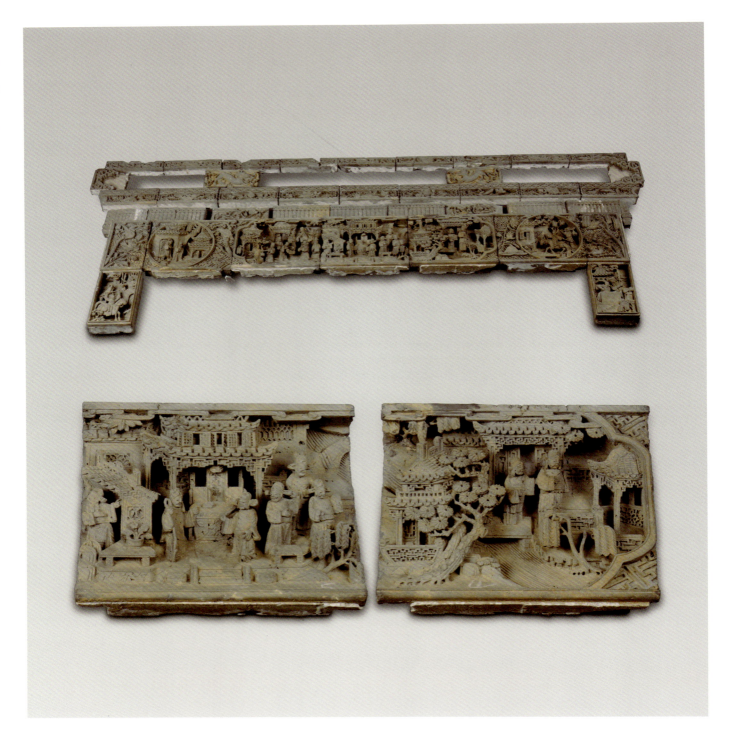

112 砖雕戏剧人物门罩　清

长：237.5厘米　宽：97厘米　厚：7厘米

水磨青砖，共四十块拼接而成。主板五块雕饰有戏剧人物，边
饰为暗八仙、花卉纹，整体砖雕以浮雕、透雕技法相结合。

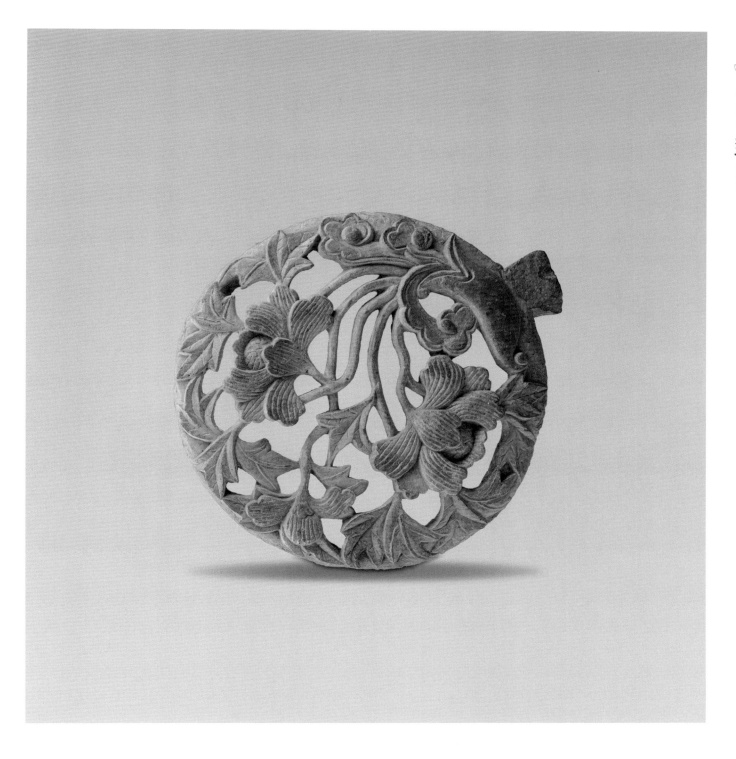

113　石雕牡丹纹漏窗　清

直径：30厘米　厚：3厘米

圆形，质地青石，透雕牡丹花卉纹饰。漏窗为徽州古建筑构建，多用于庭院墙体装饰。

114　"麒麟呈瑞"贴金木雕花板　清

　　长：36.5厘米　宽：22.5厘米　通高：7.3厘米

　　花板为杂木，采用透雕，麒麟、牡丹面贴金，边框为回纹，图案呈一对麒麟戏牡丹。雕工精湛细腻，手法娴熟流畅，极具徽州地域特色。寓意"吉祥"。

115　木雕狮子斜撑　清

　　长：23厘米　宽：21厘米　高：80厘米

　　狮子斜撑是徽州古建筑最常见的装饰。斜撑，杂木，圆雕。狮子呈倒挂形态，雌雄成双。圆脸，眼睛扁圆形，憨态可掬，体态生动，矫健有力。

116　木雕"刘海戏金蟾"斜撑　清

长：40 厘米　宽：13 厘米　高：68 厘米

斜撑为徽州古建筑构件，杂木，采用圆雕及高浮雕。刘海微笑，
身着长衫并敞开，手持铜钱，脚嬉戏金蟾。立体造型，人物生动。

第三部分

文房用具

Part 3

Instruments for Writing

117　箕形歙砚　唐

长：9.8厘米　宽：14厘米

长方箕形，歙石制成，石青色，石质细腻。砚沿浅刻两道细纹，
前宽后窄，后部较深为墨池，砚壁由上向下倾斜，三足底。

118　歙石砚板　宋

长：162 厘米　宽：61 厘米　通高：11 厘米

砚板长方形，歙石，色青黑，双面平整，素面，正面为细罗纹，背面满布金星、银星、金晕。砚板温润光洁，纹理缜密，抚如柔肤，为宋婺源龙尾山老坑砚材。

119 箕形抄手歙砚   宋

长：15.7厘米　宽：10厘米　通高：3厘米

长方形，抄手式，歙石制成，色青黑，石质纹理细腻。面开
斜敞式，砚堂、砚池一体，为淌池。池边有一圈细弦纹，四壁斜面，
背开凹形。

120 风字形双足端砚 宋

长：24.5厘米 宽：22厘米 通高：4.2厘米

风字形，端石制成，色玫瑰紫。砚面前宽后窄，前为砚堂，后为砚池较深，背有三足，器形较大。

121 椭圆形眉纹歙砚　元

　　长：18.6厘米　宽：10.2厘米　通高：3厘米

　　椭圆形，歙石眉纹，色黝黑，砚面浅，月牙式砚池。

122 "吴均"铭双足歙砚 明

长：25.6厘米 宽：20.5厘米 通高：4.6厘米

随形，歙石水浪纹材质制成，青黑色。淌池，斜底，水滴式二足。底面有铭文："质温兮如玉，色润兮凝泉，髮人文之蕴，适用舍之权，体钝而静，寔佳（惟）永年。洪武壬戌春 临川吴均识。东乔 奂奎"。石质坚硬，细腻温润。

123　随形澄泥双足砚　明

长：13.5厘米　宽：10厘米　通高：2厘米

随形，质澄泥，色呈鳝鱼黄。底部双足，砚面浅，砚堂呈椭圆形，月牙式砚池。

124　蝉形双足歙砚　明

长：29厘米　宽：18厘米　高：7厘米

歙石制成，石青黑色，石质细腻。砚作蝉形，蝉翼部微凹为砚堂，蝉首部较深为墨池，背部琢二足，蝉头部落地形成一足底。

125　随形荷叶纹端砚　清

长：19.2厘米　宽：14.5厘米　通高：2.5厘米

荷叶随形，端石制成，色玫瑰紫。砚堂内雕饰一支卷曲的嫩荷叶，背面雕饰为荷叶，并镌刻楷书铭文："清康熙丁亥 端州使者铎音識"，印章一枚阴文："旺"。

126 "竹堂主人铭"随形眉纹歙砚 清

长：25.5厘米 宽：18.5厘米 通高：4厘米

随形，歙石眉纹材料制成，色泽青黑，素面。一端微凹为池堂，
有研磨的痕迹，上端镌刻隶书铭文："石醜而文 质朴而坚 伴
我幽独 聊以永年"。落款："乾隆己巳竹堂主人铭"。下有
阴刻二字方印："开远"。

127　长方形端砚　清

长：12.2厘米　宽：7.5厘米　通高：2.6厘米

长方形，端石制成，色玫瑰紫。门字式，正面光素无纹，砚堂长方形，砚池较深较窄。

128 "颖州乐山铭"鱼化龙纹端砚 清

长：23厘米 宽：14.4厘米 通高：15.3厘米

长方形，端石制成，色玫瑰紫。正面光素无纹，砚边雕水浪纹，砚堂上端雕饰鱼化龙纹，砚池较深较窄。左侧铭文："端居陈司马青蘭研"，右侧铭文："其性硜然，其文婉然，象属鱼龙，中正是占"。刻印章一枚："乐山"，落款："颖川乐山铭"，其下有印刻二字方印："光晡"。

129 燕翼珍藏瓦形端砚 清

长：24.3厘米 宽：15.5厘米 通高：2.6厘米

瓦形，端石制成，色玫瑰紫。正面下部雕刻椭圆形砚堂、月牙式砚池，上部阴刻篆书文，字体模糊。背面："大汉十年"、"未央宫东阁瓦"。

130　随形澄泥砚　清

长：14.7厘米　宽：14厘米　通高：2.3厘米

随形，质澄泥，色玫瑰紫。砚堂平阔，砚池随形。

131　长方形端砚附叶沅芳题盒　清

长：22.2厘米　宽：14.8厘米　通高：2.3厘米

长方形，端石制成，色玫瑰紫，砚素面，背面为覆手式，光素无纹，底有四足。盒红木，盒阴刻行书铭文："漫赋兴亡感，幽芳自结盟，惟兹无恶岁，留与子孙耕。　金石交，翰墨缘，崑山之玉仙乎仙，愿君留与子孙传。东初我兄有道属，叶沅芳题"，落款："祖宜"。

132　长方形抄手龙纹端砚　清

长：23.4厘米　宽：13.6厘米　通高：6.5厘米

长方形，抄手式，端石制成，色鳝肚黄。砚面平阔，砚池为敞池，
浮雕海水腾龙纹。砚边内刻一圈弦纹，外刻海浪纹。

133 鹦鹉带铭文端砚 清

长：17.2厘米 宽：12厘米 通高：3.8厘米

随形，端石制成，色玫瑰紫。砚池呈弓形，上端砚边雕饰鹦鹉，砚堂下方砚边雕饰祥云，背面雕鹦鹉的双翼及云纹，并刻楷书铭文："承家翰墨，报国文章，振凤毛于池上，俾沐浴乎古香。砚为吴门顾二娘所制也。感其工之精、思之深，挥洒之下宛如凤舞鸾翔于毫楮间耳，因铭并志。阮亭"，刻阴文印章一枚："士禛"。此砚为浅浮雕，刀法圆润。

134　长方澄泥砚　清

　　长：12.2厘米　宽：8.5厘米　通高：12.5厘米

　　长方形，澄泥质，仿瓦当式，色玫瑰紫。砚堂、池相连。池边
刻二字铭文"儒林"。

135 **翡翠长方形砚** 清

长：9.2厘米　宽：3.5厘米　通高：1.6厘米

长方形，质翡翠，色翠绿。门字式，砚边沿一圈刻阴线，砚堂
及砚池刻一周阴线，砚堂较宽，砚池较窄较深，砚池内雕饰荷
叶纹。造型规整大方。

136　青花开光山水纹印泥盒　清

长：7.5厘米　宽：7.5厘米　通高：4.5厘米

正方形，上下盖盒，子母口，圈足。通体饰青花，盖饰开光山水纹，
边饰"米"字纹，盒边饰"米"字纹，底有篆书"大清乾隆年制"
青花款。

137　黄花梨嵌宝石笔筒　清

口径：7.7厘米　通高 11.6 厘米　腹围：23.5厘米

圆柱形，质黄花梨。用宝石镶嵌花鸟图案，镶嵌象牙篆书："乾隆御制"。

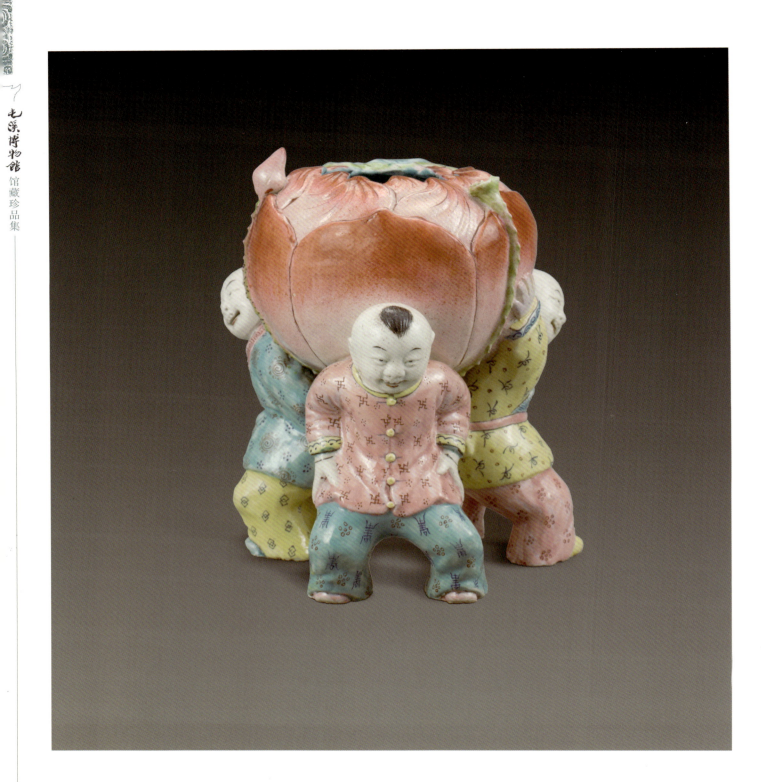

138 粉彩童子背荷水盂　清

通高：17厘米　腹围：34厘米

水盂，质瓷。通体饰粉彩，三童子身着淡红、淡黄、淡蓝色
"卍"、"寿"字纹童装，半蹲式背负荷花，釉色均匀，色泽明丽，
胎质细腻。

139 竹刻渔父图臂搁　清

长：30.6厘米　宽：5.2厘米

长条形，质竹。正面采用浅浮雕手法，刻一渔翁左手持鱼竿扛于肩上，右手提鱼一尾，立于溪边，背景刻竹石、山坡。阴刻行书"汪存侃篆"，刻印章二枚："字景"、"陶"。

140 竹刻书法臂搁　清

长：30.2厘米　宽：7.1厘米

长条形，质竹。正面刻行书："王安国答苏颂《秋日诗》忽吟佳句诗消暑，远胜前人橄愈风"。

落款："乙丑冬永玉山主人识"。

141 随形留青竹雕笔筒　清

通高：16.9厘米　底宽：13厘米

随形，质竹，随形，作为画卷式，外壁留青。口沿及底部阴刻
一圈回纹，正面用浅浮雕手法，雕刻竹石图案，背面刻铭文，
一边为："横扫千人军""偶笔"，另一边为："不可一日无
此君"，落款：瓶山居士。

142　人物竹雕笔筒　清

口径：11.9厘米　通高：15.2厘米

圆柱形，质竹。外壁用减地浅浮雕手法，刻松下高士图：一高士坐于松树下的石墩上，一童子持酒递予主人，另一童在旁歇息，山崖边立一骏马。刻行书铭文："我辈到此须饮酒，先生在上莫吟诗。"

落款："丁卯孟夏录题于西川别墅，慎斋。"

143 象牙雕松阁人物纹桌屏　清

长：14厘米　宽：8厘米　通高：26厘米

屏分屏面、插座两部分，质象牙。正面透雕一周变形如意纹，主题
纹饰为浮雕庭院、苍松、山水、人物，背面雕饰博古纹。插座透雕
变形如意纹及缠枝莲纹，两座脚上刻蹲狮。图案内容丰富，工艺精细。

144 雕瓷花卉桌屏   近代

长：19.3厘米   宽：2厘米   通高：39厘米

屏由四块红木外框镶嵌瓷板单屏组成，质为瓷、红木。瓷板绿
地雕花卉——梅、菊、牡丹。图案精美，雕瓷工艺精湛。

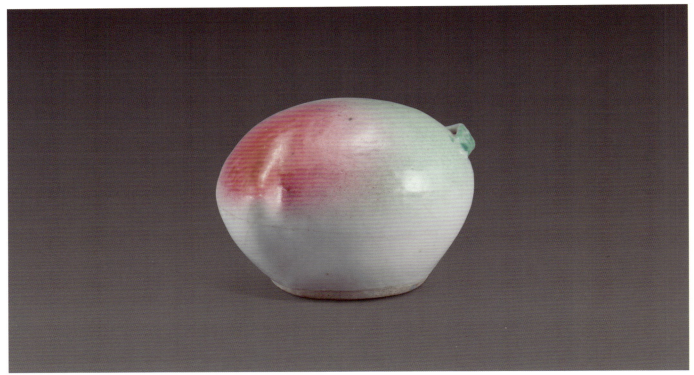

145 景泰蓝水盂　近代（仿）

口径：17厘米　底径：13.2厘米　通高：6厘米

扁圆形，景泰蓝工艺，直口，平沿，鼓腹，圈底。
通体饰红色地蓝色云纹，颈部饰蓝色云纹，外壁
饰蓝色双龙戏珠纹，内底饰云龙纹，外底蓝地云
纹，楷书红款："乾隆年造"。

146 粉彩桃形砚滴　民国

高：5厘米　长：7厘米　宽：6厘米

砚滴整体呈桃形，粉彩釉，鼓腹，圈足，底部正
中间施一注水孔，桃蒂边置平流，流两侧各贴刻
一枚上仰的桃叶。

147 男翁容像轴 元

绢本设色 纵：238厘米 横：84.5厘米

图绘男翁容像，男翁身着青色元朝常服，头戴黑冠，坐于
圈椅之上，神情生气远出。图无具体年款。

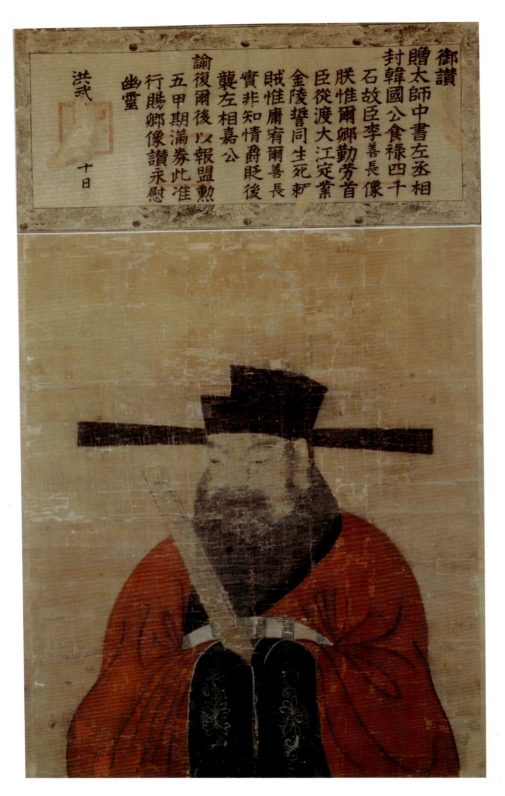

148　李善长像轴　明

绢本设色　纵：277厘米　横：122厘米

图绘李善长半身像，身着盘领右衽绯袍，头戴方顶硬里幞头，腰系玉带，手执朝笏，神情威严。诗堂题隶书："御赞 赠太师、中书左丞相，封韩国公、食禄四千石故臣李善长像 朕惟尔卿，勤劳首臣，从渡大江，定业金陵，誓同生死。赖贼惟庸，宥尔善长，实非知情。爵贬后袭左相嘉公，谕复尔后，以报盟勋，五甲期满，券此准行。赐卿像赞，永慰幽灵。洪武 □□十日"。钤有朱文"九叠篆"方形官印一枚。

李善长（1314－1390），字百室，安徽省定远人。明朝开国功臣，中书省左丞相，封韩国公，坐胡惟庸案卒。

御讚
贈太師中書左丞相
封韓國公食祿四千
石故臣李善長像
朕惟爾卿勤勞首
臣從渡大江定業
金陵誓同生死軒
賊惟庸宥爾善長
實非知情爵貶後
襄左相嘉公
諭復爾後以報盟勳
五甲期滿券此准
行賜卿像讚永慰
幽靈

洪武

十日

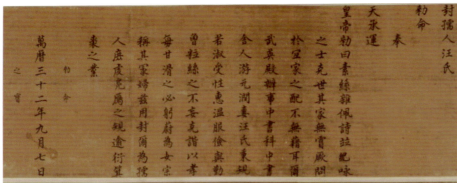

149　汪氏单人容像轴　明

绢本设色
纵：270 厘米
横：104 厘米

图绘汪氏容像。汪氏为武英殿办事、中书舍人游元润之妻，身着圆领红色官袍，头戴凤冠，仪表端庄地坐于圈椅之上。图无具体年款。

诗堂行书题："封孺人汪氏 敕命 奉天承运 皇帝敕曰：素丝杂佩，诗并纪咏之。士克世其家，无霣（陨）厥问，于㚒（宜）家之配不无藉耳。尔武英殿办事、中书科中书舍人游元润妻汪氏，秉规若淑，受性惠温，服俭与勤，曾粒丝之不妄；克谐以孝，每甘滑之必躬。蔚为女宗，称其冢妇。兹用封尔为孺人，庶虔凫雁之规，逾衍箕裘之业。敕命 万历三十二年九月七日之宝"。

封孺人汪氏

勅命

奉

天承運

皇帝勅曰素絲雜佩詩詠

之士克世其家無霄厥問

於冠家之配不無藉耳爾

武英殿辦事中書科中書

舍人游元潤妻汪氏秉規

若淑受性惠溫服儉與勤

曾粒絲之不妄克諧以孝

每甘滑之必躬蔚為女宗

稱其家婦茲用封爾為孺

人鹿虔麂鴈之規逾箕

裘之業

勅命

萬曆三十二年九月七日

之寶

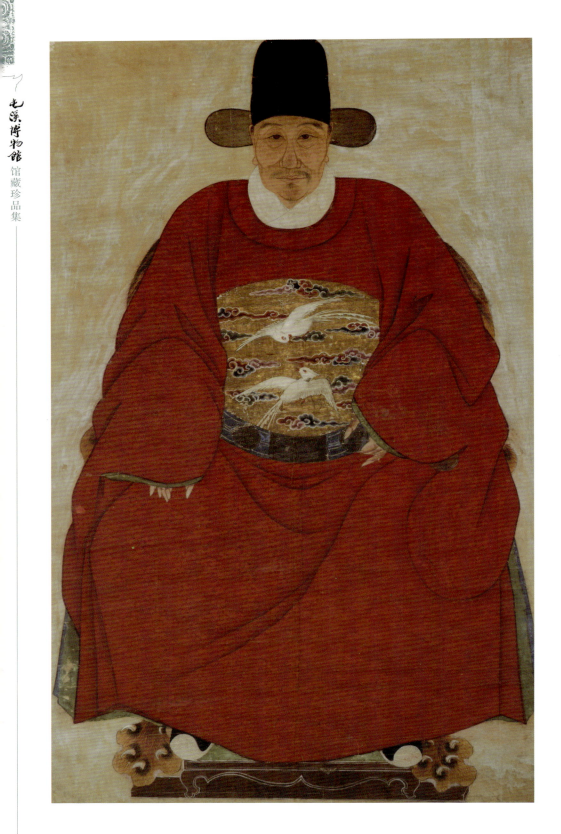

150 单人容像轴 明

绢本设色 纵：252 厘米 横：106.5 厘米

图绘男子容像，身着朱红色圆领官袍，胸前绘补，图案为白鹇，
头戴乌纱帽，坐于圈椅上。图无具体年款。

151　宋旭山水扇面　　明

绢本水墨　纵：50厘米　横：16厘米

图绘水墨山水。款识："万历丁酉春日为□□先生写，石门宋旭"，
钤"石"、"门"朱文印各一枚。

宋旭，浙江嘉兴人，生于1525年，字初旸，号石门，后为僧，
法名祖玄，又号天池发僧，景西居士。

152　金声行书轴　明

纸本水墨
纵：178.7 厘米
横：60 厘米

行草书："月中丹桂第一枝"，
落款："金声"，钤"金声"
白文印一枚，"正希"朱文印
一枚。

金声（1598-1645），字正希，号
赤壁，又名子骏，安徽省休宁
人，明末抗清义军领袖，著有
《金太史文集》《尚志堂集》等。

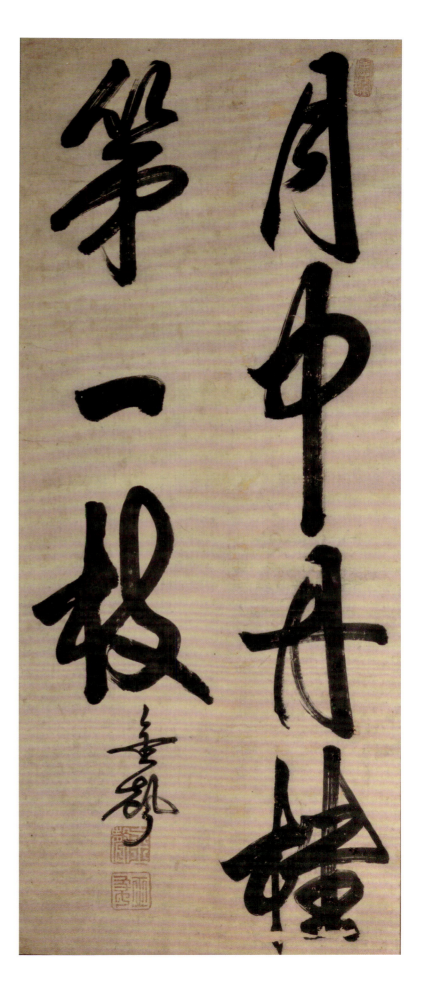

153 吴氏富饶派历代容像轴　清

纸本设色
纵：346 厘米
横：156 厘米

图绘吴氏富饶派历代容像，人物时代为周至明，共十二人。诗堂题隶书："延陵吴氏自富饶派迁宗川儒里历代之容图"。人物众多，服饰各异，是容像中的珍品。图无具体年款。

154 吕焕成山水轴 清

绢本水墨
纵：292 厘米
横：112 厘米

图绘作彩山水，右上方落款"仿
梅花道人画法于如如斋，秘图
山山人吕焕成"，钤"焕成印"
朱文印一枚、"吕氏吉文"白
文印一枚。

吕焕成（1630—1705），字吉
文，号葘园山人，浙江余姚人。
清初"吴门画派"的代表人
物之一，擅人物、花卉，兼山
水，作斧劈皴，风格颇似戴进
（1388—1462）。

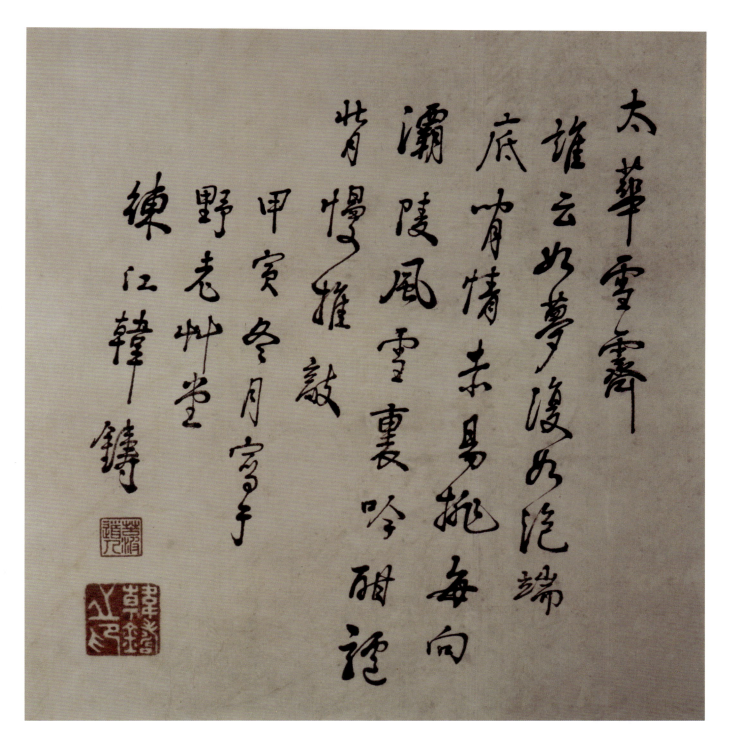

155　韩铸山水轴　清

纸本浅绛　纵：273 厘米　横：115.8 厘米

图绘太华山雪霁之景，右上方行书题古诗一首："太华雪霁，谁云如梦复如泡，端底闲情未易挑。每向灞陵风雪里，吟酣驴背慢推敲。甲寅冬月写于野老草堂，练江韩铸"。题下加钤"苦波道人"朱文印一枚、"韩铸之印"白文印一枚，左下方压钤"吟秋"白文印一枚。

韩铸，明末清初人士，生卒年未详。字冶人，号逸槎、野老草堂等。安徽休宁人，侨居芜湖，博通经史，尤擅山水。晚忽任意泼墨，字谓学米。著有《莲诗集》、《学画一得》等。

②

①

④

③

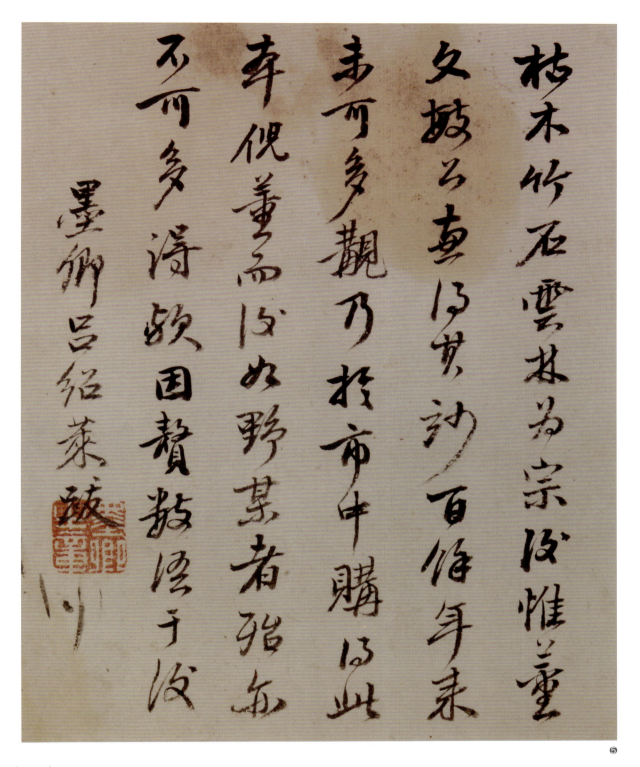

156 姚宋山水册页 清

纸本设色 纵：23.2厘米 横：16.8厘米。

册页共五页，前四页为图绘近景山水，钤"姚"
白文印、"宋"朱文印各一枚。最后一页为吕绍
莱行书题跋，内容为："枯木竹石，云林为宗，
后惟董文敏公画得其妙，百余年来，未可多观。
乃于市中购得此本，倪、董而后如野某者，殆亦
不可多得欤！因赞数语于后，墨卿吕绍莱跋"，
钤"墨卿之章"白文印。

姚宋，清顺治五年戊子（1648年）生，安徽省歙县人，
字羽京、雨金，号野梅。善于吟咏，与吴豫杰同时名
扬江南。书法工行草，有董其昌潇洒出尘的风韵。平
生长于画石，笔墨变幻多端，以能信笔随画雄石，称
著一方。

157 三人容像轴 清

绢本设色
纵：309 厘米
横：119 厘米

图绘清雍正山东滨州利津县知
县许起昆之祖父、祖母及继祖
母三人容像，男子身着清代官
服，头戴官帽，女子均身着圆
领红色官袍，头戴凤冠，佩戴
朝珠，坐于圈椅之上。诗堂楷
书皇帝敕命，有"雍正十二年
四月十五日"年款。

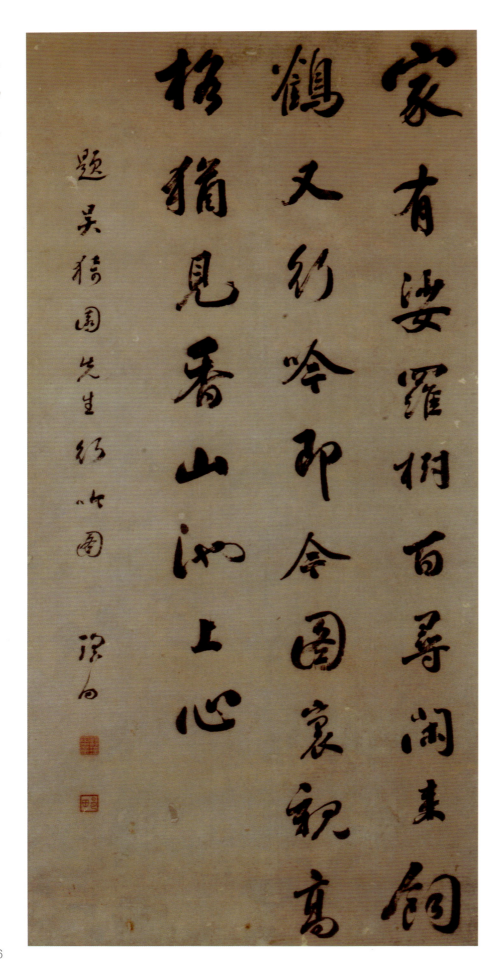

158　程瑶田行楷书轴　清

纸本水墨
纵：228 厘米
横：80 厘米

行楷书古诗一首："家有娑
罗树百寻，闲来饲鹤又行吟。
即今图里亲高格，犹见香山
池上心"。

落款"题吴猗园先生行吟图，
瑶田"，钤"程瑶田章"白文
印一枚、"易田"朱文印一枚。
程瑶田（1725－1814），字亦田，
一字易田，五十字伯易，六十
字易畴，号让堂，又号葺荷，
更号葺翁，歙县邑城人。与戴
震同师事江永，清代著名学者，
徽派朴学代表人物之一。戴震
称其"书法尤绝伦，直造古人
境地"，著有《通艺录》等。

159 俞正燮行楷书轴 清

纸本设色
纵：149 厘米
横：34 厘米

作者自题行楷 "有用精神须爱
惜，能延福泽是和平" 七言联。
上款："树芳仁弟大人属"，
下款："理初俞正燮"，钤"俞
正燮"白文印一枚，"静则寡过，
和则致祥"白文印一枚。

俞正燮（1775-1840），字理初，
安徽省黟县人，清代学者，著
有《癸巳类稿》、《癸巳存稿》、
《说文部纬校补》、《海国纪
闻》等。

160　鲍氏五人容像轴　清

纸本设色
纵：301 厘米
横：119 厘米

图绘鲍氏五人容像，人物均身着清代官服，坐于圈椅之上，身后绘祭台、灵位。

诗堂为黄钰题行书："吁嗟鲍公，道风可想，令妻黄姑，德容可仰，宜其子孙，振振兢爽，启后承先，堂构以广，天明地察，递代相伉。厥有元孙，载拜遗像，述祖瞻父，孝思是尚，追其衣冠，忆其色相，哀慕旁皇，翠然高望。五代绳承，馨香用享，树衍脉绵，芳流辉映。"落款："赐进士出身、翰林院庶吉士、前刑部山西司行走、加二级黄钰顿首拜题"。钤"黄玉之印"白文印一枚，"孝侯"、"□□第一"朱文印二枚。图无具体年款。

黄钰（1817-1881），休宁人，字孝侯，号式如，一号稺渔。咸丰三年癸丑（1853 年）二甲一名进士（传胪），官至刑部左侍郎。工篆笔楷书及山水。

呼嗟鮑公道風可想今妻
黃姑德容可仰宜其子孫
振振競爽啓後承先堂構
以廣天明地察運代相仿
顧有元孫載拜遺像述祖
瞻父孝思是尚追其衣冠
憶其色相衰慕旁皇翬然
高望五代緜承馨香用享
耕衍瓞綿芳流輝映
勅進士出身翰林院庶吉士前刑部山西司
行走加二級黃鈺頓首拜題

161　唐装单人容像轴　清

纸本设色
纵：246 厘米
横：109 厘米

图绘男翁，着身唐代服饰，头
戴官帽，手执朝笏。图上方绘
天宫一角及旭日东升。
图左上方钤"汪昆"、"凌云"
朱文印二枚。图无具体年款。

162　布衣三人容像轴　清

纸本设色　纵：232厘米　横：97厘米

图绘一翁二妪三人容像，人物身着明代常服，坐于圈椅之上。
图无具体年款。

163 双人容像轴　清

纸本设色　纵：325厘米　横：142.5厘米

图绘夫妇二人容像，男子身着清代官服，头戴官帽，女子凤冠霞帔，二人皆坐于圈椅上，背景绘屏风，
人物背后设有花几、瓶花、熏炉等。人物服饰颜色鲜艳，地毯花卉描绘繁复。图无具体年款。

164　山水屏风双人容像轴　清

纸本设色　纵：260厘米　横：106厘米

图绘夫妇二人容像，人物身着清代服饰，坐于圈椅上。背景绘山水
屏风，地毯纹饰描绘繁复。图无具体年款。

165 程氏双人容像轴 清

纸本设色 纵：289厘米 横：116厘米

图绘程氏夫妇二人容像，身着清代官服，坐于圈椅上。人物胸前绘补，图案为白鹇。人物前、后绘祭台、灵位、盆景等。图无具体年款。

166 唐氏八人容像轴 清

纸本设色
纵：332 厘米
横：117.5 厘米

图绘唐氏三男五女共八人容
像，男子均身着清代官服，头
戴乌纱帽，女子均身着圆领红
色官袍，头戴凤冠，佩戴朝珠，
坐于圈椅之上。人物服饰颜色
鲜艳，纹饰描绘繁复，图无具
体年款。

167 过梦磺石竹图 清

纵：128.8 厘米
横：63.5 厘米

款识："勤生兄台大人正，石
莺峰下逸叟过梦璜"。钤"过
梦璜印"白文印一枚、"滋泉"
朱文印一枚。另钤有"不可一
日无此君"白文闲章一枚。

168 张之万山水团扇扇面 清

绢本设色 直径：24.9厘米

图绘远景山峦，近景绘草屋、坡石，落款"子青，张之万"。

张之万（1811-1897），字子青，号銮坡，直隶南皮人。道光二十七年（1847）丁未科状元。画承家学，山水用笔绵邈，骨秀神清，为士大夫画中逸品。初与戴熙讨论六法，交最相契，时称"南戴北张"。

169 谢荣光行书轴 清

纸本设色
纵：238 厘米
横：85 厘米

行书诗一首："平峦杳蔼接炊烟，风景清和入夏天。叹我重来寻故迹，后先相去卅三年。当年水木复清华，浩劫曾余数百家。尚有风烟消不尽，夕阳满眼望无涯。同治甲戌年初夏重游屯溪华山留题僧舍，谢荣光"。钤"荣光之印"白文印一枚、"旸谷"朱文印一枚。

谢荣光，字信川，号旸谷，祁门旸源人。清道光十七年 (1837) 拔贡，朝考一等。精隶书、行书，工金石，著《旸谷遗稿》。此诗作于1874年初夏，书法清俊凝重。

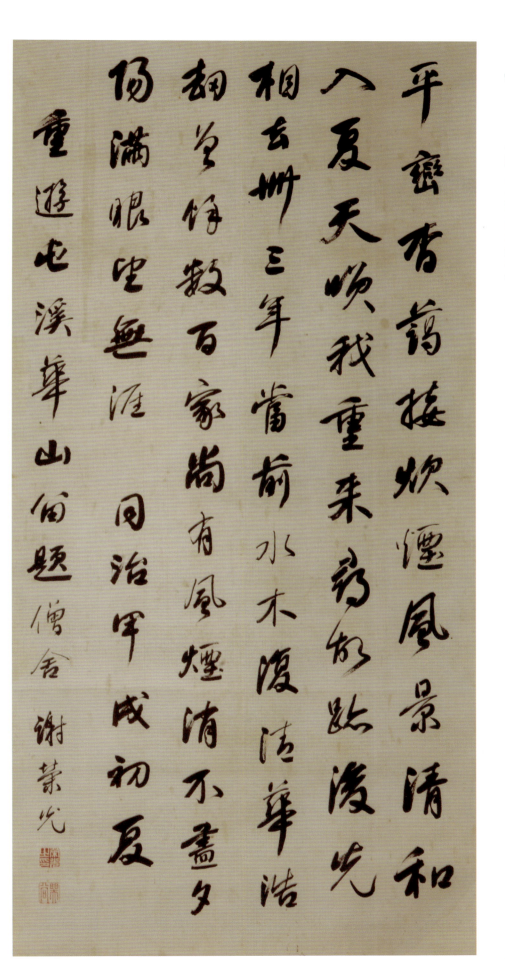

170　朱偁花鸟团扇扇面　清

绢本设色　直径：24.8 厘米

图绘菊花数枝，右上方题行草书："仿华秋岳笔法，
梦庐逸史朱偁写"，钤白文方印，字体模糊。

朱偁（1826—1900），清代画家，字梦庐，号觉未，别
署鸳湖散人、玉溪外史、玉溪钓者、鸳湖画史、胥山樵叟，
浙江嘉兴人。初学张熊花鸟，后师承王礼，兼得张熊
画之华瞻工细与王礼之超脱飘逸。华秋岳（1682 ～
1756），名华岩，一作华嵒，是扬州画派代表人物之一。

171 蒋东初兰竹图 民国

纸本设色。
纵：141 厘米，
横：69 厘米。

款识："竹林仁兄 大雅属 丙
寅五月二十有三 蒋旭客海上
写"。钤："东初所作"朱文
印一枚，右下方"娱乐无疆"
白文印一枚。

蒋旭，字东初，清末山阴人，
客鄞多年，又客通，工书擅画。
性豪迈，结交尽知名士，座客
常满，有北海风。

172 顾绪墨梅图轴　民国

纸本设色
纵：253 厘米
横：99 厘米

图绘墨梅，落款"顾绪写"，钤"臣绪印"白文印、"述亭"朱文印。右上方许承尧题行书古诗一首，"住世留香久，岁寒珍此交。素心如昔日，喜信到高梢。健并苍官色，雏怜翠羽无。端修得瘦输，与老遄嘲巢。老有童心，藉博一笑，丙子为老友瘦翁同学题，弟许承尧"。题下钤"许承尧印"、"秋水文章"、"练江源黄山麓檀干邨"白文印三枚，"檀干村人"朱文印一枚。左下方压钤白文印二方，其一为"心慕手追"另一印文不识。

住世留香久歲寒珍此交素志
如笞日喜倍到高梢健並蒼官
色雛燐翠羽無端修尋瘦輸
与老通嘲巢 老有童心藉博一笑
丙子為老友
瘦翁同學題 弟許承堯

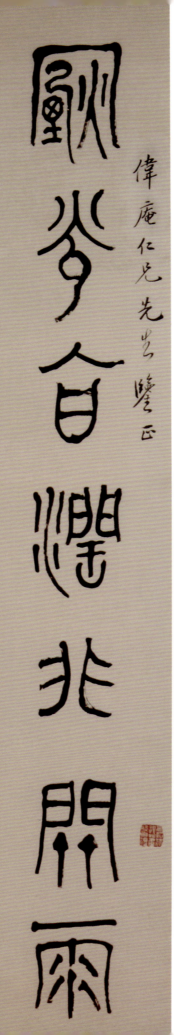

偉庵仁兄先生鑒正

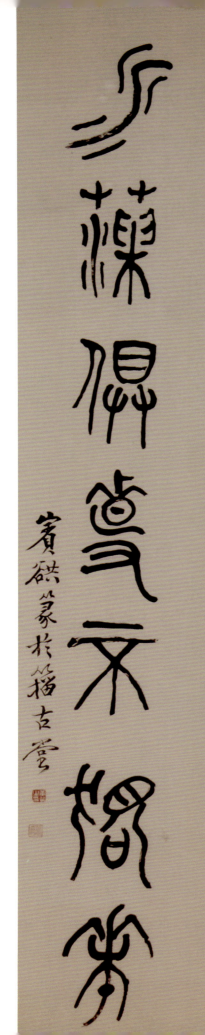

賓虹篆於橫古室

173　黄宾虹篆书联　近代

纸本水墨
纵：30.5 厘米
横：16.75 厘米

篆书七言联："烟光自润非关雨，水藻俱香不独花"。钤"高蹈独往 萧然自得"白文印一枚、"黄质之印"、"宾虹"朱文印一枚。

这副对联是王梦楼《游曲院》诗中的两句（见袁枚《随园诗话》卷七）。王梦楼（1730—1802），名文治，号梦楼。《清史稿》载："文治书名并时与刘墉相埒。"

黄宾虹（1865—1955），名质，字朴存、朴人，别号予向、虹庐、虹叟，中年更号宾虹，以号著称。祖籍安徽歙县，生于浙江金华，享年90岁。诗、书、画、印皆精，山水尤绝，画风为人们所熟悉的"黑、密、厚、重"。黄宾虹晚年的山水画，所画山川层层深厚，气势磅礴，惊世骇俗。其作品独具一格，洒脱而严密，苍健而浑朴，被誉为一代宗师。著有：《黄山画家源流考》、《虹庐画谈》、《古画微》、《画学编》、《金石书画编》、《画法要旨》等。

174 黄宾虹溪村雨后图轴
近代

纵：186 厘米
横：51 厘米

图绘水墨山水，左上方题行书
诗一首："云坐山头树，烟横
雨后村。小桥通草阁，临水
自开门。溪村雨后"。落款："宾
虹"，钤"黄质私印"白文印
一枚。

175　张启后楷书联　民国

纵：170 厘米
横：36 厘米

楷书上联 "绛树青琴殊姿共艳"，署：淮泉仁兄法家正；下联 "随珠和璧异质同妍"，落款：甲戌嘉平月 张启后。钤 "张启后印" 白文印一枚、"甲辰传胪" 朱文印一枚。

张启后（1873 年－1944 年），字燕昌，号若曾，安徽泗州人。光绪三十年（1904 年）甲辰恩科殿试二甲第一名传胪。散馆授编修。曾任中华民国国会议员，善诗文，工书法。

176 郑午昌、汪采白、郑曼青、方介堪合作画　民国

纸本设色
纵：132.7 厘米
横：41.5 厘米

款识："午昌、采白、曼青、介堪合画于秣陵安乐园，时乙亥十一月十一日也"。钤："郑午昌"、"汪孔祁"白文印，"方岩" 朱文印，左下钤："郑岳"、"新安汪采白、郏中郑午昌、永嘉方介堪、郑曼青秣陵合画之记" 白文印。是画1935 年四人合作于南京。

郑午昌（1894—1952），名昶，号弱龛，别号双柳外史、丝鬓散人、黑鸳鸯楼主、且以居士、午社词人等。浙江嵊县人，擅山水、花卉，尤长画柳树、白菜。著《中国画学全史》、《中国壁画历史研究》、《石涛画语录释义》、《中国美术史》等书。

汪采白（1887--1940 年），名孔祁，别号洗桐居士，歙县西溪人。

郑曼青(1902—1975)，原名岳，字曼青，自号莲父，别署玉井山人，又号曼髯，浙江省永嘉人。擅诗、书、画、拳、医，有"五绝老人"美称。

方介堪(1901—1987)，原名文渠，字溥如，后改名岩，字介堪，浙江省永嘉人。篆刻家，曾任西泠印社副社长。

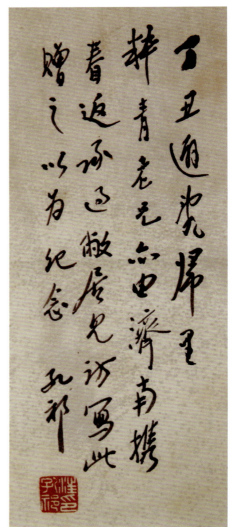

177 汪采白山水轴　民国

纸本设色山水
纵：183 厘米
横：52 厘米

图绘浅绛山水，左上方作者自
题："丁丑避乱归里，粹青老
兄亦由济南携眷返，承过敝居
见访，写此赠之，以为纪念。
孔祁。"钤"汪孔祁印"白文
印一枚。

汪采白（1887--1940 年），
名孔祁，字采白，别号洗桐居
士，歙县西溪人。擅山水，其
青绿法宋，浅绛仿倪瓒、沈周；
貌写家山，则得力于渐江、查
士标。画风潇洒秀逸。

后 记
Postscript

　　《屯溪博物馆馆藏珍品集》一书即将出版，总算了结一个心愿。

　　2012年底完成《徽韵老街 贾道流芳》为主题的陈列展览以后，就想出版一本文物图录，这是屯溪博物馆的一项重要的工作计划。紧接着2013年全国首次可移动文物普查工作开始了，本书就是在这项工作的基础上完成的。我馆全体人员参与了文物整理和资料的收集工作，遴选出1000余件文物，经反复斟酌，最后筛选出177件（套）文物作为馆藏珍品编辑出版，全书共分陶瓷、杂项、书画和文房用具四个部分。

　　《屯溪博物馆馆藏珍品集》一书是屯溪博物馆全体工作人员共同努力的成果。我担任本书文字写作，汪晖担任文字编辑、校对，汪卫东、汪静敏对文物进行整理、校对，刘小放、汪静敏、于子游承担拍摄及辅助工作，姜曼、陈万青承担文字的录入，汪卫东、陈万青对书的封面及手提袋图案设计的指导，封面书法是请当地画家季白先生书写，许兴承担该书的采购等相关工作。

　　本书在编辑、出版过程中，得到了文博界同仁的大力支持。 在此，我要特别感谢文物出版社李克能老师和刘小放老师，感谢国家文物进出境审核管理处（安徽省文物鉴定站）的领导、专家，感谢屯溪区文广新局的领导。

　　由于出版时间仓促，加上我们水平有限，书中肯定存在错误和不足，还望读者批评指正。

储莉萍

2015年3月27日

责任编辑　李克能　贾东营

责任印制　陈　杰

整体设计　周周设计局

文物拍照　刘小放　于子游

书名题签　季　白

图书在版编目（CIP）数据

屯溪博物馆馆藏珍品集／屯溪博物馆编著；储莉萍主编．
— 北京：文物出版社，2015.4
ISBN 978-7-5010-4260-9

Ⅰ．①屯… Ⅱ．①屯… ②储… Ⅲ．①博物馆 – 文物
– 介绍 – 黄山市 Ⅳ．① K872.543

中国版本图书馆 CIP 数据核字 (2015) 第 087178 号

屯溪博物馆馆藏珍品集

屯溪博物馆　编著　　储莉萍　主编

文物出版社出版发行

（北京东直门内北小街 2 号楼　　邮政编码 100007）

http://www.wenwu.com

E-mail:web@wenwu.com

北京盛天行健艺术印刷有限公司

新华书店经销

889×1194　1/16　印张：12

2015 年 05 月第 1 版　2015 年 05 月第 1 次印刷

ISBN 978-7-5010-4260-9

定　　价：248.00 元